岭南文库编辑委员会
广东中华民族文化促进会 合编

广东世居少数民族

练铭志 著

南方传媒 SPM

广东人民出版社

·广州·

图书在版编目（CIP）数据

广东世居少数民族 / 练铭志著. —— 广州：广东人民出版社，2023.11
（岭南文化知识书系）
ISBN 978-7-218-15971-3

Ⅰ. ①广…　Ⅱ. ①练…　Ⅲ. ①少数民族—民族文化—广东　Ⅳ. ①K280.65

中国版本图书馆 CIP 数据核字（2022）第 171323 号

Guangdong Shiju Shaoshu Minzu

广东世居少数民族

练铭志　著

出 版 人：肖风华

责任编辑：谢　尚
装帧设计：邦　邦
责任技编：吴彦斌　周星奎

出版发行：广东人民出版社
地　　址：广州市越秀区大沙头四马路 10 号（邮政编码：510199）
电　　话：（020）85716809（总编室）
传　　真：（020）83289585
网　　址：http: // www.gdpph.com
印　　刷：佛山市迎高彩印有限公司
开　　本：889mm×1194mm　1/32
印　　张：5.375　插　页：1　字　　数：84.9 千
版　　次：2023 年 11 月第 1 版
印　　次：2023 年 11 月第 1 次印刷
定　　价：25.00 元

如发现印装质量问题，影响阅读，请与出版社（020-85716849）联系调换。
售书热线：（020）87716172

岭南文化知识书系编辑委员会

出 版 说 明

　　岭南文化是中华民族文化中特色鲜明、灿烂多彩、充满生机活力的地域文化，其开发利用已引起社会的重视。对岭南文化丰富内涵的发掘、整理和研究，虽已有《岭南文库》作为成果的载体，但《岭南文库》定位在学术层面，不负有普及职能，且由于编辑方针和体例所限，不能涵盖一些具体而微的岭南文化现象。要将广东建设成为文化大省，必须首先让广大群众对本土文化的内涵有所认识，因此有必要出版一套普及读物来承担这一任务。出版《岭南文化知识书系》的初衷盖出于此。因此，《岭南文化知识书系》可视作《岭南文库》的延伸。

　　书系采用通俗读物的形式，选题广泛，覆盖面广，力求文字精炼，图文并茂，寓知识性于可读性之中，使之成为群众喜闻乐见的知识丛书。

　　《岭南文化知识书系》由岭南文库编辑委员会与广东中华民族文化促进会共同策划、编辑，岭南文化知识书系编辑委员会负责具体实施工作，广东人民出版社出版。

岭南文化知识书系编辑部

2004 年 8 月

目　录

前　言

　　在今广东省地，自西周初年中原人进入与粤地土著百越族先民杂处后，便逐渐形成多民族聚居的格局。至中华人民共和国成立，辖境除主体民族汉族外，还有黎、苗、瑶、壮、畲、回、满、京等八个少数民族。其中黎、苗两族聚居在海南岛，瑶、壮两族和畲族分别居住在粤北山区和粤东山区，回族在广州、肇庆两市，满族在广州，京族则在东兴各族自治县。1965年东兴随钦州专区改属广西壮族自治区，以及1988年黎族、苗族因海南岛建省而划属新建的海南省之后，广东的少数民族仅剩瑶、壮、畲、回、满五个。由于他们世代都生息繁衍在广东，故称为广东世居少数民族（以下称"世居民族"或"民族"）。

　　1979年前，广东的少数民族基本上都是

世居的。改革开放广东先走一步，经济出现飞跃发展，全国各省区的少数民族与汉族群众一起，以寻找工作和商机为目的陆续涌入广东。于是广东便逐渐形成一个与世居少数民族不同类型的新的少数民族群体，即非世居少数民族。他们的人口逐年以几何级数递增，从1979年至2015年的三十多年间，由始初的几千人骤增至近335万人，并且55个少数民族成分齐全。对于这个正在蓬勃发展的新型少数民族群体，广东省委、省政府高度重视，社会各界也给予广泛关注。2014年出版的《广东省志·民族宗教卷》，专设《非世居少数民族》一章，简要记述其族称、人口、分布、来源，以及其就业、生活和文化等事。

本书是应《岭南文化知识书系》编辑部约请，就上述五个世居民族写一本面向大众的通俗读物，扼要介绍其族源、历史、政治、经济、社会的基本情况和中华人民共和国成立后尤其是改革开放之后，民族区域自治制度进一步落实和完善、经济各个领域迅猛发展、社会事业取得巨大成就、社会面貌深刻变化、各族人民过上富裕安康幸福生活的事实，以及其各具特色的民族文化，以便让广大群众尤其是年青一代了解这些民族的前世今生，领略其丰富多彩的斑斓文化，进行民族历史教育、民族知识教育和民族友好传统教育。五个世居民族中，瑶、壮、畲三族世居农村，回、满两族世居城市。由于后两族的经济生活已完全融入其所在城市，故经济方面略而不叙；同时为避免产生歧义，书名定为《广东世居少数民族》，以及本书下限至2015年底等，一并在卷首说明。

一、各民族基本情况

瑶 族

瑶族，族称瑶系他称。其由来与徭役有关。其先祖称"莫徭"，是因为其对国家有功无须服徭役而得。瑶族内部支派繁多，广东瑶族有排瑶和过山瑶之分，两者因共同信奉槃瓠为祖先而同属其中的盘瑶支系，但两者在具体来源和语言以及文化方面都有所不同。排瑶自称"敏"或"藻敏"，称始祖为盘古王；过山瑶自称"勉"或"优勉"（敏、勉均为"人"之意），称始祖为盘王。排瑶突出的特点是耕田种水稻，定居并形成巨大聚落，汉族称之为"排"。排瑶之名即由此而得。他们大部分聚居在连南瑶族自治县，故排瑶又称连南排瑶。其较大的排，有军寮、南岗等八个，故又称八排瑶。过山瑶以耕山为主，采用砍倒烧光和不除草不施肥的原始耕作方式，过着"吃尽一山，又过一山"的游耕生活，故称之为"过山瑶"。过山瑶主要聚居在粤北地区。其中乳源瑶族自治县境内的过山瑶，历史上曾因其发饰被称为"板瑶"、"箭瑶"；又因其居住地域和文化的差异而有东边瑶和西边瑶之分。

对于瑶族的族源，多数学者认为，其源于汉晋时期居于长沙、武陵两郡的古代民族长沙蛮、武陵蛮和稍后的五溪蛮。其地望在今湖南省湘、资、沅等江流域和洞庭湖沿岸一带。由于他们有崇拜槃瓠之俗，宋之后文献均称其后裔为槃瓠子孙。她不是广东的土著，其主体部分从湖南迁徙而来。入粤时间，自南北朝末年起直至清代晚期，持续一千多年；迁徙过程总的趋势是由北而南，从湘粤交界处进入粤北山区，然后逐步深入到南海之滨。至明代中后叶，广东瑶族进入全盛时期。除粤东潮州府外，各府州县所在均有，有瑶山918座。明万历中叶后，瑶族纷纷融合于汉族，聚居区迅速缩减。至中华人民共和国成立时，粤北成为其唯一的聚居区。20世纪80年代，粤西、粤东有部分历史上隐瞒自己民族成分的群众，获政府批准恢复原来瑶族的民族成分，故其分布又拓展至粤西和粤东。壮、畲两族也有类似情况。

据2010年第六次全国人口普查（以下各族均

同），瑶族分布在清远市属连南瑶族自治县和英德、阳山、连州、清新以及连山壮族瑶族自治县，韶关市属乳源瑶族自治县和曲江、始兴、乐昌、仁化、翁源等县，惠州市龙门县，阳江市阳春市和肇庆市怀集县等，共5市15县（市）136645人。

壮　族

壮族古称"僮"，或作"撞"。1965年遵照周恩来总理的提议，将僮改为"壮"。桂西之僮古称"狼"（今作"俍"），有"俍人"、"俍兵"等称。该称应与其时僮村公推的首领称"郎火"中的"郎"有关。

壮族与古代岭南诸越族中的西瓯、南越和骆越等有渊源关系，后经"俚"或"俚僚"、"僚"等古代民族发展演变而成。广东壮族系由广西迁入的"客壮"和由广东境内的土著诸越族演变而成的"主壮"为主体，在长期历史发展过程中不断融合汉、瑶等族因素而逐渐形成。

壮族的分布状况与瑶族略同。明初分布于广州、肇庆、高州和广西梧州等四府，以及罗定直隶州共19州县。至中华人民共和国成立时，仅剩下连山和怀集两县。其后因政府计划移民和土地调整，以及20世纪80年代部分莫姓居民获准恢复壮族的民族成分，分布增至四县。2010年分布于清远市属连山壮族瑶族自治县、连南瑶族自治县、连州市和肇庆市怀集县，共两市4县（市）48072人。

畲　族

族称畲，又作"輋"，最初出现于南宋。明代称畲、輋，或畲瑶、輋瑶。畲为刀耕火种的意思，輋是指在山间搭棚居住，分别以耕作方式和居住特点为族称。畲族在不同地域有不同的自称和他称。增城、博罗等地自称"贺爹"，文献多称之为瑶。海丰、惠东等一带，自称与前者同，而当地汉族称之为輋。潮州、丰顺等山区自称"山里人"或"讲畲客话的人"。1965年经民族识别，将其族称统一定为畲族。

畲族族源有土著说和外来说两种。目前外来说得到多数学者赞同。畲、瑶同源已成学术界共识。它最早可追溯到汉晋时期同有槃瓠崇拜之俗的长沙蛮、武陵蛮和稍后的五溪蛮。尔后，两族的祖先差不多同时从原居住地向南迁徙，一支翻越五岭后分别进入广东、广西；另一支则沿着五岭一直向东，到尽头处才进入赣南、粤东。其后两支长期辗转于粤、赣、闽、浙等省，各自在不同的环境中，分别走上独立发展的道路，最终形成文化面貌有别的两个单一民族，前者为瑶族，后者为畲族。

畲族先民唐初就在粤东潮梅一带活动。但其元代之前的状况迄今无法详知。明代初期频繁迁徙。明中后叶广布于广州府增城县以及潮、惠二府14县。清代之后，畲汉纷纷融合，畲区大为缩减。至中华人民共和国成立，仅剩罗浮、莲花、凤凰三山一带七县。20世纪80年代之后，先后有八县部分居民获政府批准恢复其原来畲族的民族成分。2010年，畲族分布于广州市增城区，韶关市属乳源瑶族自治县、仁化县、始兴县、南雄市，河源市属龙川、和平、连平、东源等县，梅州市丰顺县，惠州市属博罗、惠东两县，汕尾市海丰县，潮州市湘桥、潮安、饶平等共7市16县（区）19410人。

回　族

回族，自称回民或者回族。

广东回族源远流长。唐初贞观年间，大量阿拉伯、波斯以及南洋群岛等地的穆斯林商人来华贸易。这些商人统称"蕃商"。部分留居广州的，被当局指定到城西即今越秀区光塔路一带居住，称为"蕃坊"。蕃坊内建有伊斯兰教寺怀圣光塔寺。蕃坊有蕃长，管理蕃坊事务，形成伊斯兰教在中国的最初社区。宋代蕃商社区进一步发展，出现"土生蕃客"，是回族

怀圣光塔寺（2005 年，练铭志摄）位于广州市越秀区光塔路

先民最初成分。13世纪因蒙古统治者西征而被迫东迁来华的人以信奉伊斯兰教的中亚人、阿拉伯人和波斯人为主体；明至民国年间，广东回族又融合各地来粤的回族将士、知识分子、各色商人、宗教职业者以及中国的汉族、维吾尔族和蒙古族等多民族成分而最终形成。

　　除广州外，佛山、肇庆两市以及今佛山市南海区里水镇甘蕉村也有回族。后者已于元末明初融合于当地汉族。佛山回族清代迁至广州。至中华人民共和国成立，回族仅在广州、肇庆两市生活。2010年，回族分布在广州市属越秀、荔湾、海珠、天河、白云、黄埔、番禺、花都、南沙、增城、从化等11区和肇庆市，总共14815人。

满　族

族称满，原称"满洲"，又称"满珠"、"曼殊"，均为满语音译，意谓"美好"、"吉祥"。此外也称"女真"。1911年后改称满族。

满族历史源远流长。她与先秦古籍中的肃慎，汉至三国的挹娄，南北朝的勿吉，隋唐时期的靺鞨以及两宋至明代的女真有渊源关系。今日的满族发源于我国东北的白山黑水之间。17世纪初，首领努尔哈赤创立八旗制，建立政权金（史称"后金"）。明末改族称为"满洲"。

广东满族仅聚居在广州。他们的祖先是清乾隆年间来粤驻防的满洲八旗官兵及其家眷。官兵专门练兵打仗，生活费用全部由政府供给，称为"食钱粮"。1911年辛亥革命推翻清封建王朝。广州"和平光复"。驻粤满洲八旗官兵被改编为广东新军，一年后由军转民，自食其力，成为广东民族大家庭中最年轻的成员。其族人称驻粤满洲八旗官兵为"落广祖"。

"妙吉祥室"（2005年，练铭志摄）位于广州市越秀区海珠中路123号。原称观音楼（亦称万善禅院），1935年改建后改称"妙吉祥室"，即满族室。今为广州市满族历史文化研究会会址。

　　驻粤满洲八旗官兵最初被限定居住在今广州市越秀区内。直至20世纪70年代末，他们基本上仍聚居在这一区域。改革开放后，随着人口的增加，经济活动的频繁以及老城区的改造等，族人开始陆续迁到市内其他区居住。2010年的人口分布具体是，广州市越秀、荔湾、海珠、黄埔、天河、白云、番禺、花都，共8区8496人。

二、忆往昔，灾难深重当牛马

环境恶劣，生产力低

瑶、畲两族长期迁徙游耕。当他们进入广东时，其平原地带和条件较好的水田、山地已全被汉族大地主霸占，而被迫深入到人迹罕至的崇山峻岭之中安身。有的甚至迁到水源缺乏的石灰岩地区或者气候寒冷耕地缺乏的高寒山区（今称"双缺"地区）去栖身。正是这些地区的民族贫困户成为今日扶贫工作的难点和关键点。山区首先是土地资源匮乏。民族地区累有"八山一水一分田"的记载，其可耕田地均比周邻汉区少，1951年，人均水田约是汉区的一半，甚至是三分之一。可耕山地的比例也大致相当，"双缺"地区则更少，如石灰岩地区仅能在大石缝中开垦出面积极小的俗称"巴掌地"。其次是自然条件差。高寒山区气温比山下低，日照时间比平原短，均不利于作物生长。壮族地区的条件相对于瑶、畲两族好些，但与汉族相比差距仍然较大。再次是经济门类不多，除农业外，林业、手工业、副业都未从农业中分离出来。各业生产手段简单，如农业基本上是生产粮食。水田除生产稻谷外，不再利用冬闲间种其他作物；旱地亦仅种薯芋、玉米之类杂粮，不种或少种芝麻、花生以及各种含丰富植物蛋白的豆类，更不种佐膳的蔬菜等。还有是耕作粗放。过山瑶和畲族传统耕作方式是砍倒烧光，旱稻或是杂粮下种后，不施肥不除草，坐等作物收成。排瑶徙抵粤北后，受汉族稻文化的影响，虽然改旱作为稻作，但仍受传统耕作观念束缚，中耕除草仍不施肥，尤其不施汉族惯用的人畜粪便等农家肥，庄稼长势无法与汉族相比。故民族地区的农业产出（包括稻谷和按一定比例折成大米的杂粮），不论是单位面积产量，还是粮食总产量，通常都是汉区的三分之二甚至一半。而稻米尤缺，且不说以旱作为主的过山瑶，即使以种稻为主的排瑶也是如此。1950年，连南（纯排瑶县）人均稻谷160市斤，不足毗邻连县（今连州市）汉族人均（375市斤）的一半。瑶族一年生产的粮食仅能勉强维持族人十个月食用，平均缺粮两个月。畲族所处的自然环境和生产力水平与瑶族相若。壮族比前两者稍好些。

农业是山区民族生活资料的主要来源。林业虽收入稳定，但山地奇少，所植林木不多，且生产周期长；手工业仅竹器编织和木器加工两项，但工艺远逊汉族，销路欠佳；副业着重于攫取自然物，如猎取飞禽走兽，采集蜂蜜、药材和香菇等，收入不稳定。

明清两代和民国政府的统治

明清两代基本上奉行唐宋以来的招抚羁縻与武力镇压结合的两手政策。为实施其统治，总把军事力量部署摆在首位，有针对性地在民族聚居区周围设置卫所或协营以及巡检司等军事建制；实行民族压迫和民族歧视，在其族称加上"犬"旁；视少数民族生命如草芥，倘稍有不服管治，即实行"封山"，断绝其与山外的联系，严禁生产生活必需品如铁器、大米、食盐等运入山内，妄图将他们困服。

民国政府标榜三民主义，实际上仍然歧视少数民族。1927年，设立"化瑶局"（后改"安化局"），对瑶族实行"开化"，推行汉区的保甲制，实行民族压迫和强迫同化，至1946年3月裁撤。化瑶—安化局成立前后近二十年，耗民脂二十多万，非但未给瑶民任何好处，反而以"恃强抗传"为名，公然于1932年派兵攻打八排之一的军寮排，打死房九公等六人，并纵火烧毁民房多间。

各民族所受的剥削，首先是官府的赋役。清代中后期，各族都要负担与汉族同样的官府赋役。这表面上是平等的，但由于他们的生产力水平只有汉族的三分之二甚至一半，故实际负担要比汉族重得多。此外，官府经常借口额外加征，如对瑶山特产楠木、漆、砂仁、黄蜡等均课以税；向畲族索取山兽、皮革等等。

其次，汉族豪强地主和奸商的剥削。汉族地主强指大片无主荒山坡地为己有，自称"山主公"，要求后到彼处垦种的瑶畲等族每年缴纳高额租金。在民族地区设店的部分汉商，或将稀缺商品价格抬高；或在农产品交易中，大秤入，小秤出；或以次充好，以假乱真，进行不等价交换。遗祸最甚的是高利贷。在青黄不接或遇天灾人祸时，为富不仁者，乘机放贷，索以一年为期300%—600%不等的高额利息，并须以土地或实物作抵押。如到期无法偿还，除本金外，利息也作为本金转入下一年计息，俗称"利滚利"。一旦借上高利贷，不说贫穷之家，即使是殷实大户，最终也都落得个倾家荡产妻离子散的下场。

而腋削最甚、扰民最烈者，当数官吏的需索。民族地区山高路远，上司经年不至，州县官吏敢于纵肆科索，为所欲为，且漫无纪极。他们以官府名义或借口"公务",如官衙采购,以"官价"强行收买,或以涉讼为由,恐吓当事人出重金以赎。更有甚者擅锁平民入营拷打,蓄养无赖,狗偷鼠窃;倘勒索不遂,就"掳掠妇女勒赎",形同土匪等等,往往因此引起民愤而导致民族起义。

少数民族起义与封建王朝的镇压

有压迫就有反抗。瑶、壮、畲三族在重重压迫之下实在无法继续生活下去之时,曾进行过激烈的反抗。明清两代规模较大的起义近六十次。起义原因就是官逼民反。明朝中叶的两广总督在其《边情疏》中坦承:其(指瑶、壮、畲)衣服语言与中国不同,然其好恶情性,则与良民无异。观其背叛不服,实非本心,乃出于不得已也。皆缘将臣所司不得其人,德不足以绥怀,威不足以慑服,甚至欺其远方无告,掊克残忍,使不得安其生。持此观点的高官甚多,连皇帝也经常敕令其地方大员毋得"生事激变"。

对于这些起义,封建王朝无一例外都是调集重兵对其进行所谓"征剿"。官兵嗜血成性,"犁其巢穴,种类无遗",以致"积尸盈野,血流成川",大量平民惨遭屠杀。据粗略统计,历次参与"征剿"的官兵共五十三万多人，擒斩瑶壮畲三族九万七千多人。明万历五年（1577）初，提督两广凌云翼调重兵二十万，剿西江流域东西二山罗旁瑶，"擒斩、俘获四万二千八百有奇"，焚毁村庄564座，创下单次征剿官兵人数、擒斩人数和焚毁村庄数等三项最高纪录。

"平瑶岭"摩崖石刻在今连南瑶族自治县军寨排前俗称"百步梯"旁的陡峭石壁上。明崇祯十五年（1642）冬，五省官兵"会剿"结束时，由监纪董梅鼎刊刻。采自《广东省志·少数民族志》（2000年）彩页（甘民壮摄）

　　其次，军事镇压，除造成无数青壮年族人死亡外，也使其经济上蒙受无法弥补的损失。官兵所到之处，掳人勒赎，抢夺粮食、耕牛，毁坏房舍，甚至夷平村庄，致民族地区残破不堪。而村民为逃避战乱，远走他乡，以致违误农时，田地抛荒，粮食颗粒无收，社会生产力备受摧残。少数民族社会长期发展缓慢乃至停滞不前实与此有关。

　　还有，"征剿"对一些地区的民族造成永久性伤害。地广人多势大的罗旁瑶遭万历征伐后彻底破败；明末崇祯年间，发五省兵"会剿"粤北排瑶实力最强的军寨排，战事经年累月，该排从此一蹶不振。排前峭壁上"平瑶岭"三字便是铁证。

17

生活苦不堪言

由于自然条件和阶级民族压迫剥削以及历史等原因，民族地区的农业产出甚低，林副各业发展欠佳，经济收入微薄，民众的生活朝不保夕。中华人民共和国成立前，民族群众普遍缺粮两个月，一日三顿不是薯芋、玉米等杂粮，就是稀饭拌以杂粮野菜，盐不多，油甚少，鱼肉禽蛋全无，仅年节或宾客来访时，才能吃上有豆腐、肉类的"大餐"。到青黄不接之时，就只能上山摘野菜、挖野生植物块茎充饥，或外出佣工换取饭食，最后甚或全家老少外出讨饭。

穿着简陋至极。平日的便服多由汉区买来的白扣布自染后做成。一般人家每人两套，少数富裕之家有三套或更多。而赤贫者则仅有一套，白天穿，夜里洗。衣服既无春夏秋冬之分，也无内外衣之别。由于数量少而长年常穿，衣衫褴褛污秽者随处可见。

床上用品，除结婚时置有床、席子、被单、枕头等物外，用烂后便不复添置。因此除床上方有一根竹竿挂着若干衣服外，别无他物。夏天没蚊帐，靠烟熏驱蚊；冬天没有棉被，一家人围睡于火炉旁，靠烤火度过漫漫长夜。由于长期受烟熏火燎，得眼疾者甚多。

民族地区自古有"跣足"之载，男女老

少皆赤脚走路，经年累月练就一副铁脚板，即使碎石嶙峋，荆棘遍地，均如履平地。

各族人民的生活，在风调雨顺的年成尚且如此，倘若再遇上水旱不时、疫疾流行或王朝"征剿"，生活雪上加霜，其苦况可想而知。

民族关系的主流——民族友好

瑶、壮、畲三族世居山区，与当地汉族毗邻而居，或交错杂居，或为汉族所环绕。这种居住形式有利于世居各族与汉族的接触和交流，使他们逐渐感受到彼此都是受压迫、受剥削、温饱不保的穷苦人，因此关系日益融洽。

首先，他们在语言和生产技术方面互相学习。瑶壮两族都会讲汉语粤方言或客家话，部分瑶族更学习汉族的种稻技术，由旱作变为稻作，衍生出新的排瑶支系。畲族不仅同时掌握汉语客家、潮汕两种方言，而且还能用潮州话唱本民族的畲歌。而婚俗，三族都不同程度地借入汉族婚姻成立的"六礼"。

其次，经济互补。汉族渴望得到民族地区的山货，如优质木材以及香菇、蜂蜜、药材等土特产品，满足和丰富其日常生活；而汉族的工业或手工业产品铁器工具以及日常生活必需品大米、布匹、针线、火柴和陶瓷制品等也为三族所必需。这种互相依赖的经济关系决定他们谁也离不开谁。

再次，各族与汉族之间有多种友好交往形式，如"挨伙计"、"认同年"、"打老同"等。这种关系一经确立，彼此关系便十分密切，逢年过节，互邀互访；灾年荒月，互通有无；畲瑶壮胞到汉区赶集，由于路途遥远，就在伙计、同年家借宿。而认同年者，除双方当事人外，其父兄、配偶也都沾上同年关系，互称"同年爷"、"同年哥"、"同年嫂"等等。

最后，相互通婚。古文献对此多持否定态度，实际上并非如此。早期瑶汉通婚，多是单向的，如瑶女嫁入汉家。过山瑶的"招赘"婚，入赘者多是家境贫寒的汉族男子。其后，两族婚姻渐次由单向发展为双向。畲汉通婚与瑶汉大体相似。明嘉靖年间，畲族的一支迁至粤东丰顺县凤坪村，一畲民将女儿许配给同村的钟姓汉族男子，其后裔被称为畲族外甥。从此两族世代通婚。稍后，畲汉通婚便逐渐变得普遍。壮汉联姻，数量较多，且多是双向婚嫁。

三、看今朝，天翻地覆做主人

1949年10月，中国人民解放军进入粤北地区，迅速摧毁国民党的地方政权，广东民族地区先后解放。中华人民共和国成立，彻底推翻人压迫人、人剥削人的旧制度，社会发生翻天覆地的变化。同时实行民族平等政策，各民族之间平等、团结、互助、和谐，民族关系进入一个历史的新纪元。在人民政府的领导和关心下，世代受尽压迫剥削的少数民族，从此苦尽甘来，政治上当家作主，生活越过越好。

建立民族区域自治地方，当家作主

1949年底，民族地区县一级的人民政权先后成立。稍后广东省政府即为建立民族区域自治地方做准备工作。翌年初，省和北江专署以及县政府先后组织民族工作队，到民族地区各县指导民主建政工作，次第建立村、乡和区一级政权。1951年2月，省设立主管民族工作机构广东省民族事务委员会（简称"省民委"）。稍后，中央先后组织访问团，分赴各民族地区慰问，宣传党的民族政策，疏通民族关系；访问少数民族及其上层人物，召开不同类型的民族座谈会或群众大会。

次年11月，省政府召开首届民族工作会议，瑶、壮、畲、回、满五族代表参加，其民族成分得到确认。同时采取多种形式培养民族干部。1949年10月，广州设立的南方大学，专设民族部，培养民族干部。此外分期分批将民族学员送到有关院校学习，或举办各种短训班；以及在重大节日组织民族代表团到北京观礼，然后到全国各地工厂、农场参观，以增长见识，拓宽视野，为建立民族区域自治地方提供组织保证。

1953年1月25日，广东省首个县级民族区域自治地方——连南瑶族自治区（1955年改称自治县）正式成立，自治区代表大会选举瑶族公民梁础（即邵良础）为区长。昔日牛马不如的瑶族，今日成为管理本民族事务的主人。全区各族各界人民代表以及干部群众，身穿节日盛装，举红旗，跳民族舞，齐集自治区首府三江镇，隆重庆祝这个具有历史意义的日子。中央和省地（市）有关部门领导亲临大会。各有关省区和兄弟县的代表或嘉宾前来祝贺。

此后，连山壮族瑶族自治县和乳源瑶族自治县，分别于1962年9月26日和1963年10月1日宣告成立。广东民族区域自治地方建制工作顺利完成。实现民族区域自治，保障自治民族根据本地实际情况贯彻执行党和国家政策的自主权，依法制定自治条例和其他法规等等，真正实现民族平等权利。

其次是参政议政，参与管理国家大事。宪法和选举法规定，国内各民族都是国家和地方事务的管理者，各级人民代表大会（简称"人大"）都有适当名额的少数民族代表。并规定"每一聚居的少数民族都应有代表参加当地的人民代表大会"，就是"人口特少的民族至少应有代表一人"。

中国人民政治协商会议（简称"政协"）亦如此。中华人民共和国成立后的历届全国人民代表大会和中国人民政治协商会议都有广东民族代表和委员。广东各级人大和政协都对民族代表及委员作出特殊照顾，其代表名额远远超出其人口所占比例的名额。

恢复和发展生产，初尝温饱

中华人民共和国成立初期，民族地区一

片衰微破败，百废待兴。中共中央华南分局（1955年改称中共广东省委）和广东省政府为恢复民族经济，依照轻重缓急有条不紊地开展各项工作。首先是直接发放赈济钱、粮、衣物，以解燃眉之急。1950年至1952年底，共拨给粤北瑶、壮两族，东江畲族和肇庆回族的救济粮30多万斤、救济款一亿多元（人民币旧币值，相当于现币值一万多元，下同）和衣物两万多套件。此项救济粮款、衣物一直发放至1957年底，各族同胞初尝温饱。其次，政府组织生产自救，发放农业贷款。至1952年底，共发放耕牛、农具、种子等农业贷款22万元。再次是赈济与生产结合。将赈济款物的一部分，以酬劳的形式发给参加兴修水利等集体劳动的群众，把赈济与生产结合起来，生产生活条件得到初步改善。

沟通城乡物资交流，促进经济发展

历史上民族地区的物资交流基本上由汉族小商贩完成。中华人民共和国成立后，这些小商贩大都回原籍等待土改分田，沟通物资交流的角色便由各县人民政府来充当。1950年下半年到1951年初，民族聚居各县先后成立国有贸易公司、百货商店和县供销合作社。贸易公司主要销售从汉区输入的各种日常生活用品，供销合作社则负责全县与农业有关的生产资料和生活资料的供应，以及收购当地的土产，消除历史上的不等价交换现象。为方便群众的生产生活，全省先后建立多间民族贸易公司、国营商店、县供销社以及区乡供销社，并在边远地区建立分销点或流动小组，以促进民族地区购销两旺。

创建教育和医疗卫生事业

创办学校。中华人民共和国成立至1966年，是民族地区教育从无到有的始创时期。民族地区历史上除私塾、"冬学"外，仅各县城有几间小学和两三间中学，在读学生多是富家子弟。成年文盲率在95%以上，连南文盲率更高达99.5%。人民政府成立初期，即投入大量人力、财力和物力，创办全日制小学，培训师资或选派外地汉族教师任教；少数民族子女免费入学，家庭经济困难给予补助。至1952年底，开办小学50余所，其中瑶、壮、畲三族近50所，广州市的回族、满族各一所，在读学生约2000人。同时开展全民扫盲运动。民族地区先后办起成年农民夜校，开设各种类型识字班，民族群众尤其是妇女热烈响应。这项工作一直坚持至20世纪80年代。至1966年，三个自治县有完全小学近240所、初级小学或教学点近140所（个），在校学生共近4万人；初级中学和高级中学在校学生共约2000人。1966年"文化大革命"开始，学生"停课闹革命"，扰乱了正常的教学秩序，严重影响教学质量。

医疗卫生方面。历史上民族地区环境卫生恶劣，缺医少药，烈性传染病天花、霍乱等经常肆虐，疟疾、肝炎、肺病、眼病和妇科病等常见病发病率很高，严重威胁着各族人民的身体健康和生命安全。广东省政府于1950年春，先后派出巡回医疗防疫工作队和妇幼保健医疗队，深入民族地区城乡，免费为民族群众检查身体和诊病治病；接收原有的县级卫生院，帮助建立区（乡）级卫生院（所）。防疫部门全面开展传染病、地方病的普查普治和预防工作，上门免费为群众接种各种疫苗；结合抗美援朝开展爱国卫生运动，搞好环境卫生，改善居民饮用水；帮助培养卫生员和防疫员。妇幼保健医疗队推广新法接生，并培训第一批接生员。同时委托省卫生厅培养首批民族卫生人员，派往民族地区工作。至1952年底，民族地区消灭了烈性传染病天花、霍乱，常见病得到初步控制，群众有病得到及时治疗，城乡卫生面貌初步改观，医疗卫生保健机构逐渐发展完善。到1956年，各县已建立县人民医院、县防疫站、县妇幼保健所（后升级为院），县辖各区乡也先后设立卫生院。1962年各县公社均建立卫生院。20世纪70年代初中期，各县先后在生产大队办起合作医疗站，民族地区初步形成县、社（乡镇）、村三级医疗卫生保健网。

1953年国家开始实施第一个五年计划，由新民主主义向社会主义过渡的革命和建设进入正常运行轨道。尤其在三个民族自治县成立之后，广东民族地区农林工商、财贸金融、交通水利电讯等各条战线和文化教育、医疗卫生等社会事业都得到较快的发展。不过这个发展势头到20世纪50年代后期起，逐渐受到来自"左"倾思想的干扰和破坏。1958年的人民公社，将主要生产资料从集体所有制变更为全民所有制，农民生产积极性受到极大的伤害，致生产力停滞不前甚至是倒退。当年年底，将连南瑶族自治县与连山、连县、阳山等县合并为连阳各族自治县，民族区域自治名存实亡。一些地方错误地把少数民族一些正当要求指责为地方民族主义，一批民族干部遭受打击。更严重的是，"文化大革命"导致民族区域自治地方的自治机关瘫痪，自治权无法行使；民族工作职能部门被撤销，民族工作干部被下放至干校或农村。

四、改革开放，民族地区面貌焕然一新

拨乱反正，谋划脱贫大计

1978年12月，中共十一届三中全会决定拨乱反正，实行改革开放，把党的工作重点转移到经济建设上来。广东省委、省政府在重新落实全面贯彻党的民族政策的同时，制定一系列加速民族地区经济和社会事业发展的特殊政策措施。经过几十年的奋斗，民族地区的面貌发生深刻变化，人民生活跃上一个新台阶。

1.坚持和完善民族区域自治制度

民族工作拨乱反正，首先是平反冤假错案，恢复各级民族工作机构。其次是重新落实和全面贯彻党的各项民族政策，完善民族区域自治制度。

1988年，省政府制定《广东省实施民族区域自治法若干规定》。接着，三个自治县先后制定各县《自治条例》。民族区域自治的法律、法规和条例逐步完善。

对民族聚居区相当于乡镇一级的，按照1954年宪法和《国务院关于建立民族乡若干问题的指示》，先后建立连州市瑶安瑶族乡和三水瑶族乡，龙门县蓝田瑶族乡、怀集县下帅壮族瑶族乡、始兴县深渡水瑶族乡、阳山县秤架瑶族乡和东源县漳溪畲族乡等七个民族乡。民族乡作为民族区域自治制度的补充形式，使民族区域自治制度得到进一步完善。

各级党政领导都把选拔和任用民族干部作为民族工作的一项重要任务，加强民族干部的选拔、培养以及后备干部队伍的建设；在从基层和高校毕业生中选拔的同时，还通过高校在职培训、挂职锻炼，以及交流轮岗等方式，提高他们的执政能力。民族干部队伍数量不断增加，素质不断提高，民族干部占干部总数的比例也不断提高。三个自治县政府的主要领导和七个民族乡的乡长，均分别由实行民族区域自治的民族公民和该乡民族公民担任。

在参政议政方面，打倒"四人帮"之后，各级人大代表和政协委员中民族名额都有所增加，市县两级的名额增加更多。如丰顺县畲族聚居村仅三百多人，就有人大代表四名。

2.制定特殊政策措施，助民族地区经济腾飞

为彻底改变少数民族历史上遗留下来的事实上的不平等，扶助他们早日脱贫奔康，省委、省政府先后制定一系列有关经济和社会事业的特殊政策及特别措施。

经济政策 扶持民族贸易和民族用品生产企业。1981年，国务院明确和重申改革开放时期，企业自有资金或流动资金不足，以及技术改造所需资金，其银行贷款利息由省财政补贴。1995年起，对需要照顾和鼓励的大企业，定期免征企业所得税。

财政扶持政策 一是给自治县以财政自主权。1981年起，实行"收支包干，定额补助"（其后补助标准一再提高）。1994年实行"分税制"，依据中央与地方的事权划分，明确自治县支出责任和收入范围，建立税收返还和转移支付制度。二是为适应大规模基建项目，如修筑或改造公路，建移民新村、医院学校，以及一些紧急财政开支，省市各级财政以专项扶持资金名义直接拨付。"八五"期间，专项资金拨付为近3亿元。随着国力日盛，专项扶持资金金额不断增加。"十二五"期间为37亿多元，是"八五"期间的12倍多。

社会事业发展政策 教育方面，1949年

开办的南方大学，设有民族部，后因院校调整裁撤后，1956年省政府斥巨资创建广东民族学院。1998年广东民族学院改名为"广东技术师范学院"后，仍然保留民族教育功能，对于民族学生可以降低分数录取。1982年5月，根据民族地区实际需要，为农村户籍的适龄儿童和学生举办寄宿制民族中小学校或寄宿班。其在学期间生活费用由政府负责，俗称"三管班"。1988年起，省教育部门帮助民族区域自治地方逐步实施九年义务教育；省内各大专院校和中等专业学校，对民族考生实行降分录取。进入21世纪，省教育厅再斥巨资，三自治县各建一所独立高级中学，提高民族地区整体教育水平。2013年3月，广东省政府决定从当年起，由省财政专项资金按每生每年一万元的标准，资助在全日制大学就读的民族大学生，俾其专心完成学业。

卫生政策 首先是抢救、整理、继承和发展本省宝贵的民族医药遗产。其次是在民族地区建立和健全三级卫生医疗保健网。2000年后，先后完成乡镇卫生院"一无三配套"和三自治县各建造一间医疗水平较高的二甲或二乙医院，以及修建防疫、妇幼大楼。

此外，省委、省政府还采取扶贫、结对帮扶和安居工程等三项特别措施，帮助民族贫困户脱贫致富。

扶贫 省政府设立"省扶贫开发办公室",专门对年人均收入低于省扶贫标准线的民族贫困户实行扶持。扶贫资金主要由省政府下拨。广东的扶贫工作始于1983年5月。1985年,省政府各直属机关派出扶贫工作组,进驻三个自治县及民族乡,具体开展扶贫开发工作。省财政给每个自治县补助200万元,以扶持兴建省级龙头企业,引进企业建立养殖、种养基地,发展绿色农业,使特色农业产业化、专业化程度不断提高;七个民族乡实现一乡一个品牌(品种),许多民族贫困户由此脱贫致富。2009年6月,为加大扶贫开发工作力度,提出"规划到户、责任到人"(简称"双到"),强调因地制宜,针对贫困户的不同致贫原因,找出相应的治贫之道。同时,鉴于居住在"双缺"地区的民族贫困户,严重拖累脱贫工作的进度,省政府下决心把"双缺"地区的移民安居工程纳入扶贫开发工作,加快脱贫步伐。2013年11月,习近平总书记进一步提出"精准扶贫",使扶贫工作科学有序快速发展,脱贫效果更为显著。

结对帮扶 1983年,省政府组织珠江三角洲先富起来的今佛山市南海区、中山市和佛山市顺德区分别与连南瑶族自治县、连山壮族瑶族自治县和乳源瑶族自治县,开展结对帮扶和经济技术协作，从人力、物力、财力和技术等方面帮助和扶持后者发展经济。从2009年开启"双到"扶贫后，省政府进一步要求结对帮扶的市、区与省直各单位一样，派出扶贫工作组进驻帮扶点，做到"人到、钱到、项目到"，并把扶贫工作成绩纳入行政问责和行政效能监督范围。至2000年，三个自治县和两个民族乡共使用扶贫开发项目资金总额6亿多元。省民族宗教委等17个省直挂钩扶持单位安排技术改造资金500多万元，筹措扶贫资金3300多万元，资助兴建希望小学多所，培训实用性人才和组织劳务输出，以及参与"双缺"地区移民安居工程等。

移民安居工程 为使生活在"双缺"地区的民族贫困户从根本上摆脱贫困，20世纪

连山壮族瑶族自治县首个移民新村——文佳新村（1995年，陆上来摄）

连南瑶族自治县三江镇金坑高岭移民新村（2000年，盘小梅摄）

海丰县鹅埠镇红罗畲族新村1998年新貌。采自《改革开放30年广东民族工作》（2008年）。

90年代中，省政府实施移民安居工程，将"双缺"地区所有村庄整村迁移，易地兴建移民新村安置。工程建设由省统一部署，统一规划，统一安排，经费以省财政拨付为主，社会集资和个人出资为辅。房舍按现代家居设计，用钢筋混凝土建造。至2000年，政府拨款近1.1亿元，建移民新村近370个，其中三个自治县共建360多个，如连山壮族

清新县三坑镇明联瑶族新村（华侨张明联 1995 年捐建）。采自《广东省志·民族宗教卷》（2014 年）彩页。

瑶族自治县出现首个移民新村和连南瑶族自治县三江镇金坑高岭移民新村等，其余畬族增城区正果镇、海丰县鹅埠镇、惠东县多祝镇和始兴县深渡水瑶族乡各一个，成功移民近12000户，约53000人。清远市清新县三坑镇的明联瑶族新村，是为安置连南瑶族自治县受灾瑶胞，1995年由印尼华侨张明联捐资兴建。

2009年6月安居工程被纳入扶贫工作大计后，便搭上了扶贫开发的快速列车。2010至2015年的六年间，省财政共拨付专项资金近40亿元，加上所属市的补贴，以及省佛教界和社会的捐助，资金较为充裕，民族地区的移民新村次第涌现。如连南瑶族自治县三排镇连水墩龙瑶寨，同为三排镇的福彩新村、美的瑶族移民新村，大平镇大古坳瑶族移民新村、红星移民新村和三江镇高寒山区

乳源瑶族自治县游溪镇八一瑶族新村（2012年）。采自李筱文《图说广东瑶族》。

连南瑶族自治县三排镇连水墩龙瑶寨（2012年，唐学情摄）

连南瑶族自治县大平镇大古坳瑶族移民新村（2013年，唐学情摄）

连南瑶族自治县三排镇美的瑶族移民新村（2014年，唐学情摄）

连南瑶族自治县三江镇高寒山区瑶族移民新村（2014年，唐学情摄）

瑶族移民新村等；乳源瑶族自治县游溪镇的水源宫八一移民新村和政研新村等；同时，该县还投资两亿多元，在条件较好的乡镇和县城周边兴建移民新村35个，安置"双缺"地区瑶胞近2400户，10000多人入住。

37

别样风采（2015年，练铭志摄）。连南瑶族自治县涡水镇大竹湾小横龙村民族贫困户的危旧房，经系统改造后面貌一新，与整齐划一、排列有序的移民新村相较，又别有一番风味。

到2015年底，未搬迁的"双缺"地区民族贫困户仅剩下1200多户不足6000人，安居工程已胜利在望。同时，省政府还按照社会主义新农村的标准，对整个民族地区民族困难户的一万多间破旧危房进行全面改造。改造后的村容村貌丝毫不输于移民新村。移民安居工程加上对整个民族地区民族贫困户原有破旧危房的改造，不仅使所有民族贫困户都拥有宽敞舒适的现代化居屋，居住环境和居住条件都得到根本的改善，民族群众安居乐业，而且深刻地改变了民族地区农村昔日遗留下来的贫穷落后的面貌。

经济建设迅猛发展

1.农业

历史上瑶畲两族的农业基本上以旱作为主，刀耕火种，原始而落后。壮族虽然以稻作为主，但其耕作技术与汉族相距较远。中华人民共和国成立至今，广东民族地区农业的发展，大致以人民公社（1958年秋）和改革开放（1978年）为标志，划分为三个阶段，即初步发展、发展缓慢或徘徊不前和快速发展。1953年，民族地区经土地调整，贫苦农民获得土地后，焕发出很高的生产积极性。人民政府将分散农户组成生产互助组，后又将互助组改为农业合作社，依靠集体的力量与旱涝等自然灾害作斗争，走共同富裕的道路。同时组织农业科技人员和汉族老农深入民族地区，指导农民科学种田，深耕细作，除草积肥，合理密植；引进和推广高产质优良种，以及将条件较好的单造田改为双造田，粮食亩产和总产逐年提高。以连南瑶族自治县为例，粮食总产由1949年的5000多吨猛增至1957年的15000多吨，增长近三倍。

人民公社将生产资料由合作社集体所有制改为全民所有制，极大地挫伤农民的劳动积极性，农作物产量大幅下降。1961年，国家对生产资料所有制作了一些改动，并强调

"各尽所能，按劳取酬"分配原则，经济稍有起色。而接着的"文化大革命"将"左"倾思潮推向极端，提出所谓"宁要社会主义的草，不要资本主义的稻"等口号，分配搞平均主义，群众生产积极性更低，生产力始终无法提高。

改革开放后，农村全面实行家庭联产承包责任制，将国有耕地、山林重新分到各家，并包产到户。所有制的变更使农民的劳动积极性得到充分发挥，加上全面种植高产杂交水稻，1988年，连南稻谷总产达36000多吨，是1957年的两倍多。1990年该县三江镇稻谷亩产超过1000千克，成为清远市首个亩产"吨谷镇"，率先实现民族地区历史性突破——粮食自给。稍后其余两自治县也相继实现这一目标。

粮食自给之后，三个自治县在保证粮食安全的基础上，实行"以粮为纲，多种经营，全面发展"的方针，确立治山致富思想，优化农业结构，逐步扩大经济作物面积，发展以种养为主的山地农业，开始改变单一种粮的传统农业经济结构，为丰富国民食物多样性开拓道路。扶贫工作组帮助贫困户发展农业龙头企业和本地特色产业，推广"公司+基地+农户"生产模式，如养温氏猪、养天鹅和天农鸡，稻田养鱼等等，出现一大批养殖专业大户。民族贫困户在脱贫致富的同时，为全体国民提供丰富多样的生活物质资料。进入20世纪90年代，扶贫开发工作组又引导村民发展"三高"（高质、高产、高效）农业和土特产，推进扶贫项目产业化经营，先后建立起一批以"三高"农业为基础的，具有山区传统优势、无污染原生态优势以及具有民族特色的种植业生产基地，如连南的蚕桑、油茶、柠檬、黄烟、竹子等基地，连山的有机稻米、生姜、沙田柚、烟叶等基地，乳源的烟叶、茶叶、蚕桑和反季节蔬菜等基地，又催生出一批种植专业大户。2007年连南被授予"中国油茶之乡"；连山与日本国JUSCO（吉之岛）合作经营的有机稻"香侬家"袋装米，荣获1999年中国华南（清远）首届农业博览会金奖；乳源反季节蔬菜的种植规模大，量多质优。2007年，该县被评为"全国绿色食品县"，产品畅销省内外，品牌产品更远销至国外。由于该县长期坚持推进绿色农业、生态农业、特色旅游等生态产业发展，创造出民族地区科学发展的"乳源模式"。2013年被国家民委授予"全国民族自治县（旗）科学发展示范县"称号。

民族地区的农业在改革开放中得到飞跃的发展。乳源是一个缩影。改革开放初，其农业生产总值约8300万元。至2015年，农业生产总值近18亿元,三十多年间,增长近22倍。农民的生活水平也水涨船高,在同一期间,农民的人均年纯收入(按工农业生产总值),从近110元猛增至近11000元,增幅约100倍。

2.林业

林业生产是山区民族的传统产业。中华人民共和国成立后,各级政府制定"封山育林,护林防火"的乡规民约;拨款修建林道,疏浚河道,改善林区运输条件;林区粮食不能自给,政府实行定量供应,此外还按造林面积再给予粮食奖励和现金补贴;自治县设立林业科学研究所、林业站苗圃场,提供技术指导和解决种苗问题;设立森林公安局、林区派出所等,维护林区社会治安,处理各种纠纷案件;组建护林防火机构,确保林业生产安全;省林业厅先后三次帮助进行飞机播种造林等等,使林业生产得到顺利发展。从1950年至2005年的55年间,三个自治县共输出木材近560万立方米,其中连南近250万立方米,按人均计算位列全省前茅。

和农业一样,林业生产也经历两次挫折。1958年的"大跃进",为追求木材产量高指标和解决"大炼钢铁"的焦炭问题,有组织地大砍大伐,不少山头被砍光,严重破坏生态平衡,导致水土流失,溪河日渐枯竭。"文化大革命"期间,无政府主义泛滥，林业方面乱砍滥伐现象严重。20世纪70年代初，县社队三级开办的"采育场"，只顾眼前收入，重"采"轻"育"，或只"采"不"育"，以致"年年造林不见林，场场植树不见树"。民族地区森林资源又一次遭到严重破坏。

1981年，党中央、国务院联合下达关于保护森林，发展林业和制止乱砍滥伐森林紧急通知两个文件，民族地区开展稳定山林权属、落实林业生产责任制的体制改革，集体山林全部由林农承包经营，干扰破坏林业生产的各种乱象最终得以制止，林业生产重现勃勃生机。1985年，省政府作出"五年消灭荒山，十年绿化广东"的决定。1991年底，在基本消灭荒山的基础上，省政府决定从1991年起五年内共拨款2500万元，用于石灰岩地区造林绿化和改灶节柴。数年间，民族地区林业得到较大的发展。连山和乳源、连南先后于1992和1994年被省政府批准为"绿化达标县"和被全国绿委会授予绿化广东贡献突出单位。1993年，省林业厅授予乳源"石灰岩地区绿化达标奖"；连山于1998年被评为全国造林绿化百佳县。

20世纪90年代以来，由于房屋建筑、家具、办公桌椅等逐渐采用新型材料，对木材需求锐减，以及随着人们生活质量和对森林功能认识的提高，森林被区分为生态公益林和商品林两大类。商品林主要由用材林、工业原料林和速生丰产林组成；生态公益林由自然保护区以及水库周围、河流两岸、公路沿线、石灰岩地区的水土保持林、水源涵养林以及风景观赏林等组成。2000年，连山建成大风坑、芙蓉山、天堂岭、犁头山和大旭山等五个市级自然保护区。2002年之后，民族地区的林业取得显著的成绩，省政府先后确定连山笔架山为省级自然保护区，批准连山为省级林业生态县。乳源必背镇桂坑尾村获"自然生态最美乡村旅游示范区"和"人文历史类最美乡村旅游示范区"称号，并于2006年被选为"广东最美的乡村"。

至2015年，三个自治县共植树造林近430万亩，森林覆盖率在75%以上，林木蓄积量共达近1900万立方米。

3.工业

民族地区历史上只有一些零星分散的如铁木农具加工维修、砖瓦烧制、土法榨油、酿酒和土法采煤、采矿等个体手工作坊。中华人民共和国成立后，党和国家大力扶助民族地区发展地方工业。三个自治县充分发挥本地资源优势，至改革开放前，初步形成一个以资源型工业为主、与雏形现代工业混合的产业结构。改革开放后，随着政府有关少数民族各项政策措施的落实，以及经济体制的成功转型，民族地区工业经过20世纪80年代至21世纪初的两次快速发展，三自治县逐步形成各具特色的地方工业体系或生产格局。

电力工业是由小水电发展而成。民族地区水力资源异常丰富，蕴藏量超过90万千瓦。20世纪50年代末，瑶、壮同胞自制木质水轮机和压力管发电，开创民族地区水电事业的先河。起初，水电站装机容量一般仅有几十千瓦。随着水轮机逐步由木质换成铁质，装机容量逐渐增大。但由于当时资金困难和物资匮乏，制约着它的发展速度与规模。1979年，三自治县水电站仅280多座，装机容量约13万千瓦。改革开放后，政府在电站的规划、建设和管理等方面都予以支持，在资金上给予照顾，小水电得以较快发展。至1998年底，三个自治县乡镇通电率达100%，村通电率在九成七以上。乳源瑶族自治县和连南瑶族自治县、连山壮族瑶族自治县分别于1989年和1991年被评为全国农村第一批和第二批初级电气化达标县。2000年，水电站增至320座，装机容量升至40万千瓦。

进入21世纪，自治县制定多项优惠政策，水电建设又出现新高潮。2005年，水电站猛增至近920座、装机容量近70万千瓦，年发电量近21亿千瓦时。电力工业产值为8

45

亿2千多万元。输变电设备也由110千伏升为220千伏。当年的小水电已发展为现代电力工业，并成为各县龙头或骨干企业。三自治县先后被列为全国"十五"建设400个水电农村电气化县之一。

其他工业三县各具特点。改革开放后，连南先后兴办与当地资源和民生有关的农机具、机电、纺织、服装、建材、印刷、化工、食品、民族工艺、包装材料等企业20多家。1984年至1989年，国营工业连续五年盈利近190万元。乡镇企业也由200多家发展至2000多家，总收入近3000万元。进入20世纪90年代，经济环境发生变化，部分企业因产品老化缺乏市场竞争力而出现亏损。1995年以后，以理顺企业产权关系为突破口，开始建立现代企业制度和企业转换机制，全面实行全员劳动合同制。对一些负债重、运转困难的企业，在清产核资和资产评估的基础上，采取职工内部持股、买断产权、租赁、出售等方式，进行改革转制。至2005年，除三星水泥责任公司外，已全部实现资产重组和机制转换，取而代之的是外资企业和国内民营企业。20世纪90年代中至2005年，引进外资和合资企业共20多家，从业人员4000多人。其中首家台资企业东方（连南）玻璃工业有限公司，总投资5000万港元，主要生产

灯饰玻璃、工艺品和道路反射标志等。乡镇
工业和民营企业也得到较好的发展。2005年
经营传统小水电、采矿、建材、农林产品加
工等民营企业共2700多家，注册资金近一亿
三千万元，从业人员5000多人，均比2000年
有所增长。

连山工业与连南大体相似。改革开放
后，先后兴建农机具、建材、印刷以及集体
所有的服装、机械、木制品、塑料化工和小
五金等企业，有职工2500多人，地方国营工
业总产值5000多万元。1985年，新建一批利
用本地资源的饼干厂、淀粉厂、电化厂、县
电石厂和连山新水泥厂等。这些新建企业大
都实现半机械化、机械化或电气化。全县工
业总产值近6400万元，比1984年略有增长。
进入20世纪90年代中期，与连南一样，国营
企业普遍出现机制不灵、经营困难等问题。
于是从1996年开始实行以产权制度改革为主
的改革措施，对资不抵债的如造纸、淀粉和
原县水泥厂等依法实行破产。2000年底，全
县工业总产值仍达到近1.5亿元。

从2001年起，连山工业进入一个加速改
革和迅速发展的新时期。一方面，国有和集
体工业继续加大产权改革的力度，迅速退出
生产领域。其原有债务近1.7亿元按政策进
行核销。另一方面，社会资本和民间资本大

举进入能源领域，建成大批资源型的电力企业，形成以电力工业为龙头的新型工业生产格局。至2005年，全县水电站从60多座增至近230座，装机容量由不足4万千瓦猛增至12万多千瓦。到2005年底，全县各类工业企业共470多家，注册资金4亿多元，工业总产值近2.5亿元，比2000年增长一倍多。

乳源距韶关市较近，交通较为方便，自然资源丰富，工业有一定基础。1978年，全县工业企业近百家，工业总产值2000多万元。

改革开放后，通过招商引资，工业迅速发展。"七五"期间，通过横向经济技术合作引进一批先进技术设备，兴建冶炼锑、锡和与稀土材料有关的厂矿。随后又陆续建成合金耐磨耐热材料铸造厂、永磁材料厂、超顺柴油机厂等高新技术企业。此外有一批由部门兴建的如预制件厂、铁合金厂等。私人企业也逐年增多。1985年，全县乡镇企业200多家，总收入1300多万元。1987年，乳源服装厂生产的瑶族童服获国家轻工业部和国家民委颁发的"全国轻工业少数民族用品优质产品奖"。至1992年底，全县工业企业一千多家，初步形成以矿产、冶金、电力、建材、轻化和食品为主的地方工业格局。

20世纪90年代初，乳源建立民族经济开发试验区，加快招商引资步伐。1993年，引进台资、港资及外资企业十多家。次年，日本株式会社精机集团又在经济开发试验区创建三协电子（韶关）有限公司。从1995年开始，省内广州和珠三角各市县，以及闽、湘、浙等外省民营企业也纷纷前来投资设厂。浙江民营企业东阳光实业发展有限公司所属企业先后有五家公司在乳源落户。其中化成箔有限公司建成全国最大的化成箔生产企业，员工近5000人。年销售总额5.6亿元。2005年，全县工业企业600多家，工业总产值近34亿元，比1978年（2000多万元）增长近160多倍。

2015年，三个自治县工业总产值为114亿多元，比2000年（13亿多元）增加近8倍多，约为1980年的76倍。

4.交通电讯

历史上民族地区尽是弯曲不平的羊肠小道，通讯全靠"寄声"，即口信。中华人民共和国成立后，这种状况得到根本的改变。改革开放后，政府决定再进一步把公路建设和电讯事业搞得更好。

交通 公路建设。各县人民政府成立后，即积极修路，以解决百姓的行路难问题。首先修复国民党政府遗留下来的废弃公路，如横跨三个自治县境的韶鹰线（今G323线）等。然后采用国家支持、民办公助、群众自筹等方式，依照先易后难的原则，先将原有通向民族地区的羊肠小道修直加宽，筑成人行大道，然后集中力量解决县城至区乡政府以及与邻县公路对接的干道。对于施工难度大的路或路段，则动员群众会战攻坚。1958年，连山上万筑路大军在县长的带领下，上山安营扎寨，硬是在吉田至小三江之间的崇山峻岭中劈出一条长约50千米的盘山公路。此路后来被纳入省道四（会）连（山）线（S263线），并与G323线在县城吉田接驳，构成Y字形的横贯东西、连接南北的主干道。20世纪60年代初，连南由县城到辖下寨岗镇须借道邻县。为改变这种状况，县动员上千民工，日以继夜，经过两年多苦战，终将该路必经的水竹塘路段打通。用这种方式筑成的公路，还有连南三江镇至偏远山区的白芒线，乳源南部山区大布、古母水至鸭麻湖线，以及该县北部山区对外出口的必背至桂头线等。

经过近20年的艰苦奋战，到20世纪70年代初，历史上没有一寸公路的民族地区实现了乡乡通汽车的奇迹。1978年，通车里程近1100公里，交通网络雏形显现。

改革开放后，为适应经济的高速发展，省政府拨出巨资，搞好基础设施公路的建设，将民族地区所有等外或低等级的沙土路加以改造改建，大幅降坡，拓宽路基，裁弯取直，并铺上水泥混凝土或沥青，提高公路等级；改建或完善各路之间的转换衔接工程；继续修建公路，包括高速公路和镇村公路，将公路延伸至行政村和较大的自然村。

首先是国道的改造。G323线途经三个自治县境内路段长约150千米，路况复杂，且国道各项指标要求较高，施工难度较大。连南境内路段不足20千米，且基础较好，1990年已完成三级沥青或水泥路面的改造。此外，1998年，由北而南穿越连南的国道G107线全线通车。为与该国道衔接，连南投资2000多万元，在县城三江镇新建一段一级公路。同年建成通车。

连山境内路段长近60千米，基础较差。省交通厅先后拨款共近3亿元，在1985—2002年的17年间，前后三次改造改建。根据各路段不同的地形地貌和车流密度，分别按山区二级沥青、三级沥青和重丘二级公路等不同的技术标准施工。2002年，省交通厅再斥巨资，对业已改造过的连山境内路段再次进行改扩建，采用山岭重丘二级公路技术标准。鹿鸣关以北路段工程至为复杂，则采用先进的隧桥相接方式，于鹿鸣关附近开凿一条长约650米的隧道，然后于隧道口架设长约400米的高架桥与之相接，使路面变得平顺、美观。

此外，1997年底，为与G323线实现无缝对接，按一级公路标准，新建该线连山县城过境路段，称"广德大道"。

乳源境内路段长约70千米，改造工程比前两县更为复杂艰巨，前后共六次施工。其中路面改造施工四次，路与路之间接驳工程两次。1978年至1980年、1993和2000年，分别在韶关至乳源路段、县城路段和县城迎宾路段，按国家三级公路、平原微丘区二级公路和一级公路标准施工，铺设沥青路面或水泥混凝土路面，改成国家三级公路。1993年，对县城路段按二级公路标准建设。

2003年，省交通厅再拨付民族地区公路建设资金近1.3亿元，对G323线再次全面动工改造。2004年，G323线改造工程大部分竣工。交通厅再追加近两亿元，以确保G323线工程全面完工。

此外，1997年8月，按县城建设规划需与国道G323线相接，对县城南环公路进行改造，采用平原微丘区一级公路标准，铺水泥混凝土路面。该工程完成后，为使该线与乐昌坪石—乳城线即省道S249线和京珠高速公路连接，又于1998年11月对国道县城段鲜明公路进行改建，按一级公路标准建设水泥混凝土路面。

省道的改造。民族地区省道共7条，即连南的S261、S262，连山仅一条即S263，乳源的S248、S249、S250、S258，共约270千米。连南两条省道，在20世纪90年代初就已完成改建。连山S263线境内路段为群众会战的产物，是弯多、路窄、坡陡的等外沙土路。1995年，政府决定将其作为重点工程分两期改建。两期工程分别于1995和2000年展开，均建成山岭重丘二级沥青路。二期工程水下桥头路段抛石界顶，大幅裁弯取直，降坡达8米。2005年竣工。

乳源S249线由县城至乐昌坪石，系该县南北交通主干道，沙土路，弯多坡陡车速慢。1994年，采用山岭重丘二级公路标准改建。1998年竣工。同年，京珠高速公路在大桥镇南设互通立交桥，为便于与立交桥连接，改建大桥镇通济公路。其余三条省道亦于90年代中期，先后分别按三级公路标准和平原微丘一级公路标准进行改建。

县道的改造。连南在完成国、省道改造后，着手整治县道，于90年代中期完成。连山由于G323线和S263线途经该县五个乡镇，故其县道仅六条共约100千米，20世纪80年代后期均将其改为三级沥青或水泥路。乳源的县道改造多在90年代中后期进行。除X324线古母水公路和X325线桂大公路部分路段采用山岭重丘区二级公路标准外，其余均用三级沥青或水泥路标准改造。

高速公路。途经广东民族地区的高速公路，有京珠高速和二广高速。京珠高速途经乳源大桥、东坪、乳城三个镇约60千米。工程于1998年开工，2003年竣工。县境路段分别采用山岭区、重丘区高速公路标准建设，路面用水泥混凝土或沥青铺砌。内蒙古至广州的二广高速，承接湖南永蓝高速进入粤境路段，依次通过连州三水瑶族乡和连南、连山等民族地区，近170千米。2014年底建成通车。

继续修路。1998年，省政府实施"村村通公路"的部署，再次掀起筑路高潮，并延续到"十二五"期间。2005年，为加速镇村公路的建设和改造，省政府对全省民族地区共约700千米镇村道的补助费，在15万/千米的基础上，再增加3500万元困难补助。此后，省财政还分别于2006年和"十一五"期间，再拨款3500万元和6.3亿元。进入"十二五"计划后，省财政每年仍从发展资金中拨出大额款项，用于道路建设和饮水工程。至2015年底，三个自治县的通车里程增至4600多千米，是1978年的四倍多。全省七个民族乡五十个行政村也已全部通车。

经改造升级后的各级公路均面貌一新，路面宽阔平直而美观，车速倍增，车流畅顺，行车安全。今日民族地区，以高速公路和高等级国道、省道为主线，县道、镇村道为支线，一个纵横交错、四通八达的交通网络已经形成，村村通公路已成现实。

公路客运服务。1951年，部分公路刚修复，乳源县政府为解决民族同胞行路难问题，率先推出公路客运服务。其后连南、连山次第成立客运站，开展相关业务。至20世纪70年代中期，客运班车先后通至公社（乡镇）一级，山区各族群众步行肩挑进城贸易已成历史。改革开放后，随着公路建设的发展，群众"乘车难"得到根本改变。以乳源为例，1966年，仅有客车5辆，客位200个。至2005年，全县客车693辆、6840个客位，年客运量超过350万人次。

2005年6月，连山首家民营公共汽车公司成立，购置各种小型面包车21辆，每天定时来往于县城与各乡镇或圩镇之间，率先实现县内交通公交化。2015年，县内交通公交化已遍及整个民族地区三个自治县。

电讯 民族地区历史上曾用过电话，但与少数民族无关。人民政府接收国民党政府的电讯设施后，一般由县一级党、政、军机关使用。此后随着电话线路的增加，电话逐渐扩至医院、学校和乡镇政府以及较大的国营工矿企业。到20世纪70年代初中期，电话通至行政村。1978年初，乳源率先实现市话自动交换，甩掉此前的手摇磁石交换机。稍后，连南、连山也先后实现市话自动化。

改革开放后，电讯业迅速发展。1979年底，连南、连山和乳源先后为农民或商户安装私人电话。20世纪90年代，民族地区电讯业实现历史性跨越。从1993年起的几年内，次第实现城市程控自动电话和城乡电话程控一体化，电话进入千家万户。1996年，实现城乡电话交换程控数字化和电路传输数字化。1998年，建成无线接入基站，信号覆盖大部分乡镇。至2000年，民族地区农村已实现村村通电话。至2005年底，三县固定电话用户共66774户。

手机和互联网的出现。1994年，电讯部门开始在民族地区建立移动基站，开通模拟移动电话。1997年开通数字移动电话后，用户大增，互联网工程亦应运而生。1999年，中国移动通信从中国电信分离出来独立运作。不久，中国联通诞生，三者同为电讯业务的营运商。2001年，手机用户激增。由于手机可通过漫游实现与全国乃至世界各国相互交流，至2011年，三县手机数量已远超固定电话用户，增至近19万部。互联网建立初期，用户须拨号上网。2001年起，三县先后向城乡公众提供ADSL互联网个人宽带业务和DDN专线，以实现大量数据信息的网络传输。2005年底，网络用户约一万户。到2015

年，民族地区的网络覆盖率已在95%以上。

社会事业繁荣兴旺

1.文化艺术

文化生活　除日常一般文化生活外，民族地区有一种传统的独具民族特色的文化活动。粤北排瑶数年一次的大型"耍歌堂"活动，在农历十月十六日或稍后举行，纪念传说中的祖先盘古王，并与酬神还愿、庆祝丰收和娱乐群众相结合。又如凤凰山畲族的"招兵"节和九连山畲族的抬"篮大将"活动；连山小三江、上帅等壮区在春节期间流行寿星公与龟、鹿、鹤舞等等。

排瑶长鼓舞。采自《改革开放30年广东民族工作》。

排瑶长鼓舞是民族民间艺术的奇葩。它属广场性喜庆舞蹈，动作粗犷、刚健，节奏明快、敏捷；舞蹈语言丰富，表现力强；有单人舞、双人舞和群舞三种。群舞气氛热烈，故为重大节日所必用。2000年连南瑶族自治县南岗镇被文化部命名为"中国民间艺术（长鼓舞）之乡"。2008年，国务院将长鼓舞列为"国家级非物质文化遗产"。

文化设施　中华人民共和国成立后尤其自治县成立后，民族地区文化设施从无到有，从少到多。改革开放后，随着广东经济迅速发展，文化设施不断增加和完善。至2005年基本形成县、乡镇、（行政）村三级文化设施网络。县有文化馆（民族文化馆）、图书馆（民族图书馆）、新华书店、民族影剧

连山壮族瑶族自治县图书馆（1985年，陆上来摄）

院（民族文化宫）、民族博物馆、档案馆等。乡镇一级有文化站（文化中心）、阅览室、图书代销点，村有文化室。连山太保镇沙坪村文化室1988年被省文化厅评为先进文化室。

民族文艺团体及其创作 文艺团体有四个，即省级的广东民族歌舞团，县级的连南瑶族自治县民族文化传习中心、连山壮族瑶族自治县民族歌舞剧团和乳源瑶族自治县民族文化传习馆。上述艺术团体自组建以来，全体成员长期深入民族地区广大农村，与民族群众同甘共苦，创作出一大批具有鲜明民族特点和强烈时代气息，充满正能量以及与民族历史文化有关的优秀节目，深受广大群众喜爱。

广东民族歌舞团的前身是海南民族歌舞团，1952年组建，驻海口市，1960年升级为广东民族歌舞团。1985年由海口市迁至广州市，1989年更名南方歌舞团。其代表节目有"三月三"、"草笠舞"、"打柴舞"、"半边裙子"等。中央电影纪录片厂将其拍成电影艺术片，在全国播放。1987年和1988年先后应法国国际艺术节和意大利国际民间艺术节邀请，派团前往法国和意大利演出。

连南瑶族自治县民族文化传习中心的前身是1961年组建的连南歌舞团，2012年改今名。创建不久即以《水从北京来》、《欢送代表上北京》等节目参加地区、省和全国三级文艺汇演，获得好评和奖励。改革开放后，舞蹈《歌堂长鼓》和舞剧《山魈》中的组舞《讴莎腰》、《洞房夜》接连在省第四、第五两届艺术节中获编导三等奖。舞蹈《长鼓舞》参加2004年省首届民间舞蹈大赛，荣获金奖；次年在省旅游文化艺术暨岭南民间艺术汇演中再获金奖。2014年11月第六届中国（连南）瑶族文化艺术节暨瑶族盘王节"耍歌堂"活动在连南千年瑶寨南岗举行，一千多名瑶族长鼓手同时现场击长鼓表演，被上海大世界基尼斯总部认定为"规模最大的瑶族长鼓舞展演活动"。

连山壮族瑶族自治县民族歌舞剧团的前身是成立于1958年的连山歌舞团。2012年改今名。该剧团先后荣获中共中央宣传部、国家计划生育委员会授予的"全国婚育新风进万家先进单位"称号和省文化厅授予的"文明单位"称号。1983年，舞蹈《牛铃舞》获全国乌兰牧骑式文艺汇演优秀奖。虞灵初创作的小戏《咸鱼妈认媳》在全国第三届（1992）少数民族题材剧本评选中获银奖，并被选入全国"孔雀杯"民族戏剧经典系列影视片；虞灵初另一小歌剧《辣椒嫂戏郎》，在全国第二届少数民族文艺汇演中获编剧金奖。2015年，原生态民族歌舞剧《连山大哥》获广东第四届岭南舞蹈大赛小舞剧组创作银奖、表演银奖和最佳作曲奖。

乳源瑶族自治县民族文化传习馆的前身是组建于1965年的县文艺宣传队，后改为乳源艺术团，2012年改今名。1988年，电视剧本《妖种》获省电视剧作品评选三等奖。同年，省市电视台和乳源艺术台联合摄制的《春满瑶山》和《瑶岭风情》文艺专题节目，在省市电视台播放。以乳源瑶汉人民劈山开路、勤劳致富为题材创作的大型舞蹈《瑶山五彩路》，2000年获省委宣传部"五个一工程"奖。2015年，其作品《盘王歌》获第七届广东鲁迅文艺奖。

瑶壮两族的文学创作与民间文学研究　改革开放后，随着国民经济的飞速发展、社会事业的繁荣昌盛、人民生活的幸福安康和科学技术的突飞猛进，文学创作也迎来繁花似锦的春天。1985年之后，广东民族文艺创作团队和业余爱好者，陆续在国内的报章杂志上发表小说、诗歌、散文和报告文学等近八千篇（部）。其中有不少作者是昔日被视为"化外之民"的后裔——在党的阳光沐浴下成长的奋发有为睿智的瑶、壮两族知识分子，具有划时代的历史意义。现将其代表人物简介于下。

唐德亮，瑶族，国家二级作家，先后在《人民日报》、《人民文学》、《民族文学》和《诗刊》等以及其他刊物发表各种体裁作品近千篇（首）。其代表作有诗集《南方的橄榄树》、《生命的颜色》、《微笑的云》，小说集《山寨》，散文集《心路漫漫》和诗集《苍野》、《永恒的岁月》等。其中诗歌首集和最后两集，分别获广东第八届新人新作奖、第七届广东鲁迅文艺奖和全国第四届"屈原杯"佳作奖。

许文清，瑶族，兼治文学创作和民族民间文艺研究。发表作品近二百篇。代表作有散文集《山野漫笔》和《瑶族歌堂文化》、《瑶族婚俗》以及与他人合作收集整理的民间故事《甘基王》。其中《瑶族婚俗》获广东省第八届民间文艺学术著作一等奖，《甘基王》获第二届广东鲁迅文艺奖。

唐小桃，瑶族，发表作品二百多篇，有诗集《五彩梦帆》、《酒玫瑰》和《唐小桃短诗选》。曾任清远市文联专职副主席。

陆上来，壮族，发表作品近百篇，有诗文集《翡翠宫探微》。

2.教育

历史上民族地区仅有私塾，县城仅有为数不多的小学和两三所中学，在读学生多是汉族富家子弟。中华人民共和国成立后，贯彻党的教育方针政策，经过半个多世纪的实践探索，逐渐形成一个从幼儿园、小学、中学到大学的完整的民族教育体系，培养出一大批全面发展、德才兼备的干部、教师和专业人才，以及领导干部。

普通教育 改革开放之后，拨乱反正。根据中央"充实加强小学、整顿提高初中、调整改革高中"的精神，对规模较小的完全小学和教学点进行撤并，对与乡镇初中相邻或相近的小学则合并，办成九年一贯制学校。三个自治县共撤并近百所小学和几十个教学点，新组成数所九年一贯制学校，使中小学校布局趋于合理，教学活动逐渐回归有序进行，适龄儿童入学率得到提高与巩固。

20世纪八九十年代，民族地区教育取得了两个具有里程碑意义的进步。1981年，开始实施普及小学教育。1982年，连山学龄儿童入学率达97%以上，成为全省首批普及小学教育的县和全国实现普及小学教育的三个少数民族县份之一。连南、乳源也于1984年秋同时实现普及初等教育。

1986年开始实施普及九年义务教育（简称"普九"）。省政府以及各县加大扶持教育资金的投入，进行校舍建设和改造维修，完善教学设施，添置教学设备，调整教师队伍结构和充实师资队伍等等。连南投入资金2000多万元，新建校舍近60幢，建筑面积5万多平方米。连山于1981年投资数十万元，兴建连山民族中学，校舍建筑面积近2万平方米。1991年，省市拨款和群众捐资近500多万元，新建及维修校舍近2万平方米，符合"普九"校舍达标要求。乳源筹措资金8000多万元，用于校舍建设和教师"安居工程"，新建校舍近10万平方米、教师住房近万平方米，全县中小学校教学用房全部楼房化。经省"普九"验收组验收，确认三个自治县各项指标均符合标准，并先后于1995、1996年被国家教委授予"基本普及九年义务教育和基本扫除青壮年文盲县"。

"普九"的结果是初中毕业生大量涌现，而高中学位则无法满足他们继续升学的要求。成绩优秀的学生或选择省市重点高中，或不得不花高价择校费到外地就学，留在民族地区就读的多是中考成绩居中的学生。高中教育滞后，严重影响民族地区教育以及今后经济的发展。创办高水平的独立普通高级中学被提上议事日程。21世纪初，省财政接连拨出巨额款项，支持三个自治县普通高中建设。

2002年，乳源率先兴建乳源高级中学，总投资1.6亿多元，按省一级学校标准规划、设计、施工。工程分两期进行。2003年一期工程完成。学校占地面积300亩，建筑面积4.6万多平方米；建有国家一类标准理化实验大楼、图书馆和电脑、语音、音乐、书画

乳源高级中学（2008 年）。采自《改革开放 30 年广东民族工作》。

等功能室；国际标准的足球场、运动场以及
能举行大型赛事的标准泳池；其他球类运动
场（室）齐备。新建高中将乳源中学高中部
和民族中学高中部普通班全部并入，并招收
高一新生10个班，在校学生共20多个班、近
1500人。2005年二期工程竣工，学校已拥有
三个年级40多个班近2500人。优质学位大
增，初中升高中的比率由1971年的三成左右
升至近七成。高级中学主要领导和骨干教
师，面向全国公开招聘，组建强有力的领导
班子和高素质的师资队伍。学校实行封闭式
管理，教学质量和办学效益迅速提高，普通
高考本科录取率大幅攀升，成为民族地区教
育的标杆。当年即被评为"广东省新课程实

验样本学校"。到2007年，普通高考成绩已名列韶关市之首。

连南瑶族自治县高级中学于2005年动工，总投资近1.8亿元（含顺德区赞助近7000万元），占地近8万多平方米，建筑面积近4.8万平方米。2006年秋竣工并投入使用，将原民族中学、职业中学和寨岗中学的高中班全部并入到新校上课。连同当年招收新生总共近50个教学班，学生近2500人，教职员工200多人。新建高中宽敞明亮，教学用房充裕，实验楼、图书馆，以及电脑、语音、音乐、书画等功能室一应俱全，康体设施应有尽有。学校领导和骨干老师均公开招聘，择优录取。坚强的领导班子，高水平的师资团队，先进的仪器设备，体现出党对学生的关怀。全校焕发爱国热忱，发愤图强，教师尽责敬业，呈现出教学相长的局面。教学活动很快步入正轨，教学水平迅速提高。学生在普通高考中，被录取人数节节上升。2007年，建校后首次参加高考，被录取大专和本科的人数分别为200多人和近30人，九年后的2015年，两者的人数已分别增至近530人和近120人，分别增长二倍多和四倍多。

2005年秋，连山斥资1.1亿多元建造的连山高级中学落成，县民族中学和慈祥希望中学高中部并入新校，连同当年的招生，在校学生近2000人。

民族教育 中华人民共和国成立后，少数民族学生全部免费入学，并享受助学金。为使民族教育适合自身发展的特点和民族进步的模式，开办民族学校。民族学校除广州市回民小学、广州市满族小学和连南民族小学于1954年前设立外，其余都是20世纪80年代后创建的。至2000年，民族地区已有连南民族小学、连南顺德希望小学、连南民族中学，连山民族小学、连山民族中学、乳源民族小学（1998年并入该县民族实验学校）、乳源民族实验学校、乳源民族中学和阳山秤架民族中学、怀集下帅民族学校、始兴深渡水民族学校等11所，在校学生8000多人。

其次是兴办寄宿制民族班。1982年5月，省政府根据民族地区的实际情况，决定举办

广州市回民小学（1985年，马建钊摄）

广州市满族小学（2015年，练铭志摄）位于广州市越秀区大德路203号。原址在越秀区光塔路89号，2008年迁今址。

连南民族中学（1982年）。采自《广东省志·民族宗教卷》彩页。

民族中小学校寄宿班（简称"民族班"），民族班按一定名额专收县内农村户籍的应届民族毕业生，独立编班，交由同一级学校代管。政府对民族班学生免收学杂书费，并管吃、管住、管穿，俗称"三管"班。由于他

怀集下帅民族学校（1989 年）。采自《改革开放 30 年广东民族工作》。

潮州市潮安县凤南乡畲族学校（1990 年）。采自《广东省志·少数民族志》彩页。

们住宿学校，生活需自理，故小学民族班仅招五、六两个年级。民族班有小学、初中、高中三个层次，待遇基本相同。

1982 年秋，连山在加田、三水两镇开办

五、六年级民族班。1985年,该两校民族班集中至县城小学。县城小学按规定和统一标准,在全县农村招收4个民族班共160人。1987年秋,连山民族小学独立建校,在校民族班学生每年保持四个班160人。

1981年秋,乳源创建民族中学,招收县内应届小学毕业生50人,编成初一级民族班。此后两年,每年均招一个班。至1984年,每年除继续招一个初中班外,再招一个50人的高一民族班。至1986年,该校初高中各有三个民族班共300人。

1998年,乳源民族教育研究会在民族小学基础上,创办五年(小学五年级至初中三年级)一贯制民族实验学校,将乳源民族中学的初中民族班过渡到该校,并扩大初中民族班招生,由原来每年级一班增至两班。2005年该校共有10个班,民族学生400多人。

2000年,三个自治县共有寄宿制、半寄宿制学校近90所,占学校总数三成左右,寄宿生7000多人,约占民族学生总数的两成。1982年至2000年,三县享受省补助的学生2680人。从2000年起,大幅提高民族班学生生活补助的省民族教育专项经费,由原来每年124万元提高至千万元。寄宿制为农村孩子提供良好的学习环境。民族地区历年高考被录取的民族考生,多数出自寄宿制学校或民族班。

自21世纪初至2015年，整个民族地区不断调整优化教育资源，努力提高教育水平和教学质量，教育整体水平跃上新台阶。被评为市一级学校的有连南顺德希望小学、连南民族中学，连山佛山希望小学、连山民族小学、吉田镇中心小学；被评为省一级学校有乳源高级中学、连南瑶族自治县高级中学。三个自治县学龄儿童入学率100%，小学毕业生升学率100%，各类学校近140所，其中民族学校20多所；在校学生近5.7万名，其中民族学生近2.3万名，占学生总数的四成多。七个民族乡共有学校近20所，在校学生4300多名；适龄儿童入学率100%，初中毛入学率达99%以上，七个民族乡均被评为全省教育强镇（乡）。从21世纪初开始，民族学生普通高考录取率逐渐上升。2013年至2015年，被全日制大学录取的民族考生每年都在1200名左右，录取率在八成上下，他们的文化水平已与汉族学生相去不远。

大学教育 中华人民共和国成立初期，为培养革命干部而设立南方大学。在其第五部中设民族部，招收民族学员600多位。这些学员先后担任本民族地区各基层单位的领导工作。第四期学员唐辉（瑶族）先后任连南瑶族自治县县长、韶关市副市长和省民委主任，为民族工作作出重要贡献。1952年南

广东民族学院。采自《广东省志·少数民族志》彩页。1998年，经教育部批准，改名为广东职业技术师范学院，但仍保留民族教育功能。2002年改称广东技术师范学院。

方大学由于院校调整被裁撤。1956年，省政府斥巨资创立广东民族学院。1958年9月，广东民族学院在广州正式开课。初期，学院以培养民族地区在职干部为主，设短期的干部轮训班、两或三年制的工农技术预备班和增设大专预科班。在校学生200多人。1968年学院迁往海南黎族苗族自治州首府通什镇，与自治州干部学校合并后，增设文化补习班、初中级会计班，培养基层急需的实用型人才。学生人数增至400多。1977年，学院加设中文、政治、数理三个系，学制为四年制大学本科。学生增至千人。1981年底，学院复由海南迁回广州石牌。1988年，省政府规定，民族院校或普通院校民族班招生，对民族考生实行降分录取。1998年，广东民族学院更名为"广东职业技术师范学院"，但仍保留民族教育功能，每年招150名民族学生（此后逐年增加）。广东民族学院从创办至2015年，共为民族地区培养干部及各类人才近8400人。今日省内民族地区的各级干部和中学教师多是民族学院的毕业生，其中不少已是各单位或部门的骨干，部分更成为专业人士和领导干部。

"希望工程"　　这是共青团中央和中国青少年发展基金会发起的关乎青少年儿童教育事业的伟大工程。该工程的实施，引起社会各界以及港澳同胞、海外华人的广泛关注。他们纷纷前往广东民族地区，捐资建校，购置教学设施、图书资料，或资助困难学生入学和设立奖教、奖学金，给广东民族

连山上帅希望小学。采自《广东省志·少数民族志》彩页。

教育事业注入强劲活力。在1992年至2005年的13年间，三个自治县共收到捐助善款近1.7亿元。在三个自治县和七个民族乡内建希望小学近80所，希望中学一所；并分别为70多所中小学校兴建教学大楼近220幢。香港实业家谭兆先生捐资1300多万元，在连南、乳源和阳山秤架瑶族乡建小学近40所。与连南结对帮扶的佛山市顺德区政府，1998年捐资近700万元，建顺德希望小学，2005年再捐巨资，赞助连南瑶族自治县高级中学建设。

成人教育 其主要是指在职教师进修和帮助农民脱盲。

20世纪50年代初期，民族地区中小学校如雨后春笋般遍布各地，而教师奇缺。教育部门只得一面招聘外地汉族教师，一面录用本县或本地的简易师范生、短期培训生，以及一些未经培训的小学毕业生为教员。1954年后，逐年吸收中等师范或师专毕业生，师资素质有所提高。而迭经"大跃进"和"文化大革命"以及聘任未经任何专业训练的知识青年为"民办教师"等折腾后，教师队伍的素质参差不齐。为解决这一困境，三个自治县各出奇谋。1969年，连南教育部门率先开办教师进修学校，开设中师学历脱产班、函授班和短训班等，培训中小学教师2800多名，而教师资质低下状况仍未得到根本的改变。紧接着的"普九"义务教育，把教师学历达标作为"硬件"之一，提高教师素质已是刻不容缓。1983年连山师范学校改名"教师进修学校"，专事教师培训。其先后举办民办教师班、中师进修班、小学教材教法学习班、小学教师专业考试辅导班、中师函授班、师专函授班，以及中学教师函授师专、本科班等，至1990年，累计培训学员近5000人次。乳源则通过培训与引进，全县中小学教师学历达标人数不断增加，至2015年，民族地区教师学历已基本符合标准。

农民脱盲　这个运动始于中华人民共和国成立初期，在设立中小学校的同时，开办成人夜校和各种识字班，并组织小学教师义务包教包学，得到众多青壮年文盲尤其妇女的热烈响应，夜校或识字班办得红红火火。这个旷世工程经过近半个世纪的不懈努力终获成功。三个自治县在1995年至1996年的两年间，经国家教委和省人民政府检查验收，先后被授予"基本扫除青壮年文盲县"匾牌。

3.医疗卫生

医疗事业　改革开放后，医疗卫生事业加速发展。为此，各级政府先后做好以下三件工作。一是新建特色医院。从1982年开始，三个自治县先后新建县中医院或民族医院，或两块牌子，一套班子。民族医院或中

连南瑶族自治县寨南镇卫生院（1990年，许文清摄）

乳源瑶族自治县必背医院（1991年，赵天林摄）

医院，开设疑难杂症专科和以骨伤外科为主的具有民族医药特色的科室。

二是从1991年起推行"一无三配套"。"一无"，就是（医院）无危房；"三配套"，就是做好（医院）房屋、人员、设备三方面的配套，以提高医院本身的硬件和医疗技术水平。作为全县医疗救护、医学教育研究和医疗技术指导中心的县人民医院，已于1995年前完成标准配置或配套。此后"三配套"建设的重点在乡镇卫生院。1996年，省政府给乡镇卫生院每所近20万元的"三配套"补贴。此后至2000年，省财政每年再给三个自治县各增拨50万元，作为乡镇卫生院建设费。2000年，省财政再给三自治县各拨"一无三配套"专款600多万元（市、县分别再筹等额款项）。此外，省还组织佛山、江门和广州三市人民医院，分别与连山、乳源和连南三间人民医院结对帮扶，提高医疗技术。1997年至2001年，省财政再拨款500多万元，委托佛山职工医院举办临床医学大专班，培养民族地区医疗卫生人才。

三是重建乡村卫生站。卫生站系乡镇辖下行政村办的医疗机构。"文化大革命"期间开办的大队合作医疗站至1983年全面停办。从1997年起，民族地区的乡村卫生站逐渐恢复并正式运作。卫生站由村委会提供房舍和医药用品资金，卫生站收入归村委会所有。各站设经过正规培训的乡村医生（卫生员）和接生保健员各一名，村委给予补贴；业务技术接受所在乡镇卫生院管理指导。卫生站提供常见病、多发病的一般诊疗和转诊服务，承担初级卫生保健工作。至21世纪初，民族地区的医疗事业已达至一个新的水平，三级医疗卫生保健网络正在逐步形成，民族地区"缺医少药"的日子正式成为历史。

至2015年，卫生机构近240个（包括人民医院、卫生院和卫生站），病床1300多张，卫生机构人员2300多人。医疗卫生基础设施得到进一步完善，医疗技术人员能力不断提高，处置突发性公共卫生事件的能力进一步增强。作为县直属医疗机构的连南人民医院、乳源人民医院和连山人民医院先后于20世纪90年代中期被评定为"二级甲等医院"和"二级乙等医院"。这些医院均为科室齐全的综合性医院，医疗技术人员的职称，高级、中级、初级齐备；有门诊部大楼、住院部大楼和药剂综合大楼；有配套齐全的现代检查和治疗设备；对各科常见病、多发病和某些疑难复杂病例能准确诊断、治疗，并取得较为满意的效果。

设立新型农村合作医疗。中华人民共和国成立后，少数民族群众均可免费诊病治病。1969年各大队相继办起的农村医疗合作制度于1983年全面停办。1997年初，政府再次推行新型农村合作医疗制度（称"新农合"）。从2002年开始，是将农村合作医疗推向医疗保障制度的新阶段，并在三个自治县和各民族乡全面铺开。农民参加"新农合"，每人每年缴纳少量资金，然后省、市、县、镇按一定比例共投入四倍于参保人的资金，实行大病（住院）以报销为主，报销上限为一万元，有效缓解农民因病致贫、因病返贫的问题，参合率达100%。2009年省政府再推出新型农村养老保险(称"新农保")，参保率亦达100%。

卫生防疫 卫生是指环境卫生和饮水卫生。历史上民族地区人畜混居，粪便随意弃置，致臭气熏天，污水横流，蚊蝇孳生，环境卫生恶劣。1950年，开展全民爱国卫生运动，农村围猪圈，建牛舍，修厕所，实行人畜分居，粪便回田；疏通沟渠，清除积水，填平坑洼，铲除蚊蝇孳生地，卫生面貌初步改变。在城镇，重点抓好灭"四害"即老鼠、麻雀（后改臭虫）、蚊子、苍蝇；整治环境卫生，组建环卫队伍、卫生监督队伍。1955年制定《季节性清洁制度》之后，城镇环境卫生的状况日趋好转。

改革开放之后，各县城相继成立环境卫生管理机构，以整治城镇脏、乱、差为突破口，开展创建文明镇活动。乳源乳城镇结合城镇和农村居民点建设进行整治，街道变直变美；环卫工人每天扫街，街道干净；晴天洒水车沿街洒水压尘，路面洁净如洗；工商部门对市场分类摆卖，车辆统一停放，市容市貌焕然一新。该镇先后于1999年和2004年被授予"广东省先进卫生城镇"和"广东省卫生城镇"称号。连山吉田镇也由于市容市貌卫生整洁，环境实现净化、美化、绿化、亮化，被誉为"袖珍式山城"。2002年被授予"广东省卫生镇"称号。

在农村，改厕工作继续进行，而与改厕相关的居民饮水问题被正式提上议事日程。改革开放初期，各县在制订城乡建设规划时就已将水电和排水系统考虑在内。需要改水、改厕的仅限于现存的老旧村庄。1996年至2005年的十年间，三个自治县投入改厕、改水资金超过两亿元。各县根据自己的实际情况，采用不同的方法加以解决。连南着重修建自来水引水系统和挖掘水井以及购买手压泵等。全县饮用自来水或清洁水人数共14万多人，占全县总人口的六成多。连山累计投资1000多万元，普遍在农村安装自来水管，饮用人数近十万人，普及率为七成多。乳源的江河水质较好，据改革开放初期对居民点和江河水丰水期水质的检测，符合饮用标准的达九成半。全县近六成人饮用手压泵的清洁水。其大桥、大坪、红云三镇位于石灰岩山区，普遍以建蓄水池和铺设引水管的办法，让三镇居民饮上洁净的水。2005年，全县饮用自来水或清洁水的近15万人。此后，饮水工程仍是扶贫工作的重要内容，扶贫工作组每年都从民族发展资金中拨出巨款付诸实施。2015年，全省民族地区饮水问题已基本解决。

防疫工作已取得历史性的胜利。1950年省卫生厅派出的医疗卫生防疫工作队，免费上门为民族群众接种各种疫苗，烈性传染病天花、霍乱、鼠疫便已绝迹。从1962年开始，免费为儿童注射"百（日咳）白（喉）破（伤风）混合制剂"和"精制白喉类毒素"。1964年冬开始对各县两个月至七岁的婴儿、儿童进行服食脊髓灰质炎（俗称小儿麻痹症）糖丸疫苗。其后，又接种麻疹和脑脊髓膜炎（俗称"流脑"）疫苗。1996年把卡介苗、小儿麻痹糖丸、麻疹疫苗、百白破联合制剂以及乙肝等五种疫苗，纳入计划免疫程序进行系统预防接种，使相应传染病得到有效防御和控制；继消灭天花等烈性传染病后，至20世纪七八十年代，基本控制疟疾流行和消灭血丝虫病。连山的儿童计划免疫，于1987年提前一年达到国家和世界卫生组织关于扩大免疫规划指标，1988年基本消灭地方性甲状腺肿病，至1998年基本消灭麻风病。乳源于1997年成为初级卫生保健达标县。1991年，连南卫生防疫站被国家卫生部评为全国计划免疫工作先进单位；2002年，又被省卫生厅评为广东省消灭脊髓灰质点工作先进集体。

妇幼保健 民族地区的生老病死，封建王朝和民国政府从不过问，孕妇分娩，惯用老妇助产，婴儿破伤风和产妇产褥热发病率甚高，妇婴健康毫无保障。省人民政府成立不久，即派出巡回妇幼保健医疗队到民族地区推行新法接生，翌年培训第一批接生员。新法接生逐渐在民族地区推广。此后，各县建立妇幼保健站，乡镇卫生院均配产科医生或助产士、接生员。20世纪60年代中期，三个自治县的新法接生率和婴儿成活率均达到95%以上。1988年，连南被定为省妇幼保健基础调查试点县，为保障妇女儿童健康开展各项妇幼保健工作调查。同年，三个自治县开始孕产妇和7岁以下儿童保健系统管理，坚持孕妇产前检查，推行住院分娩，创办"爱婴医院"；对7岁以下儿童建立健康档案，定期接种或服吃各种预防疫苗，并视其年龄大小进行次数不等的体检，作出科学的健康评价，提高婴孩健康水平。1995年以来，乳源人民医院和连山人民医院先后被评为"爱婴医院"。

4.社会保障

社会保障是保持社会和谐、稳定、持续发展的事业。中华民族自古有扶危济困、救弱助贫的优良传统。而民族地区的社会保障体系是中华人民共和国成立后尤其是改革开放后才逐渐建立起来的。

就业和再就业安置 人民政府成立之后，劳动部门根据需要和劳动力资源状况，分期分批安置城镇失业、无业人员和部分知识青年就业。改革开放后，实行劳动者自主择业和政府促进就业的方针，把城镇居民就业门路引导到集体经济和个体经济上来，开辟劳动力市场。对农村劳动力，乡镇成立"劳动服务站"（后改"劳动保障服务所"），协助县劳动和社会保障局（简称"县保障局"），做好本乡镇农村劳动力劳务输出的具体工作，组织劳务输出人员应聘，安排招聘单位与应聘者见面座谈，相互沟通，提高录用率。县保障局派出专人，管理劳务输出工作，输出前做好被录用者的思想政治工作、传授法律知识和职业道德等；输出中到各用工单位慰问务工人员，鼓励他们安心工作。为使应聘者有一技之长，提高就业率，从2006年起，省财政每年单列200万元（2010年增至600万）给三个自治县用于举办农村青年劳动力技能培训班。另外，每年选送农村贫困家庭的初高中应届毕业生，免费到县内技工学校就读，让他们学习技艺。民族地区常年外出务工人员有八九万，他们年人均收入近万元。劳务收入成为农民增收的重要来源，是脱贫致富的重要途径之一。

与此同时，为下岗失业人员排忧解难，给他们发放"再就业优惠证"，县保障局协助办理小额贷款担保手续，县财政对他们的小额贷款实行减免工商管理费和税收，鼓励自主创业；为鼓励企业接纳下岗失业人士，县财政和县保障局给接纳下岗工人的企业发放社保和岗位补贴，使下岗工人得以顺利重新就业。

社会保险　是社会保障的主要制度之一。而养老保险制度是社会保险的主要内容。中华人民共和国成立至1984年期间，国营企事业单位不提取劳动保险金，职工的退休金均在企业营业外列支。1984年，进行社会保障制度改革，各县正式设立养老保险制度。保险费用开始由国家、企业承担，后来改为国家、企业、个人三方负担。保险覆盖面不断扩大，由全民所有制企业职工、国家公务员和事业单位全体员工，扩大至城镇集体、私人企业员工和个体工商户及其职工。从20世纪90年代初开始，渐次推行工伤、失业、生育、医疗等保险的各项社会保障制度改革，保险金亦按三方负责。2009年，随着民族地区积极开展城乡社会养老保险和城镇居民医疗保险的继续推进，以及"新农保"等次第施行，一个以养老保险为主，以医疗保险、失业保险、工伤保险和生育保险为辅的、适应社会主义市场经济客观要求的新型社会保险体系已初步完成。

社会福利 一是"五保户"供养。中华人民共和国成立后，对丧失劳动力、生活无着的孤寡残等独身老人实行"五保"，即保吃、保住、保穿、保医、保葬，让他们安度晚年，俗称"五保户"。人民公社时期，部分公社建立敬老院，供"五保"老人入住；没进敬老院的则在原居地分散供养，亦确保享受"五保"待遇。改革开放后，人民生活水平逐渐提高，住进老人院的均已住上楼房，衣食无忧；行动不方便的还配有专职护理员，照顾其日常生活；分散供养的也与老人院的一样，受到人民政府无微不至的关怀照顾。

二是扶助弱势群体。对有生理缺陷或因伤病致残和失聪、失明人士，政府给予极大的关注。对仍有劳动能力的残疾人，政府投入资金兴办民政福利厂，安排他们入厂就业；对于聋哑失明人员，则免费送他们到相应的学校读书学艺，学成后安排他们从事力所能及的工作，或者资助他们兴办实业，并给予税费优惠，俾其自食其力。此外，政府还帮助他们成立自己的社会组织"残疾人联合会"，保障其参与国家有关选举和学习、工作等合法权益。

三是城乡居民最低生活保障制度（简称

"低保")。党和政府一直关心民族地区生活困难的贫困户。改革开放前，侧重物质上的帮助，如发放大米、衣服等。扶贫开发之后，他们作为扶贫对象，改从经济方面加以扶持。对有劳动能力的困难户，则发放无息贷款，帮助其发展种养业，待其脱贫致富后偿还贷款。而对无劳动力的家庭，则无偿扶持，使其脱贫。从1997年起，全面实施城乡居民最低生活保障制度，"低保"的金额，根据当时当地的生活水平而定，允许城乡差别和视物价而逐年调整。对于无劳动能力的贫困户，政府给予"低保"金，以维持其最基本的生活费用开支。对原城镇无经济来源、无扶养人和无单位的"三无"人员，实行定期定量救济。生活在"低保"制度庇护下的城乡居民，由于政府切实做到应保尽保，也衣食无忧。

社会救助 是指遭到无法抗拒的自然灾害，而得到社会各界的支援和帮助。每逢大灾过后，各级政府都带领人民群众抗灾自救，拨出专项资金、物资，帮助群众恢复生产，渡过难关。1994年6月，连南瑶族自治县遭受百年不遇的洪涝灾害，毁坏村庄20多个，倒塌房屋2000多间，死亡20多人；大片农田被浸泡，公路桥梁被冲断，电站、供水设施严重受损，全县直接经济损失近两亿元。灾情发生后，省市两级党委、政府领导立即赶到灾区视察，慰问受灾群众，指导救灾工作，并拨出大批救灾物资以及近千万元赈灾款。社会各界以及港澳同胞、海外华侨也给予大力援助。香港扶轮公司捐资一百多万港元建"扶轮新村"，安置灾民。翌年，印尼华侨张明联女士斥资一百多万元，在清远市清新县三坑镇建三坑明联瑶族新村，安排未获安置的连南受灾群众入住。在社会各方的大力帮助下，连南受灾群众很快就克服了生产生活上的困难，灾后一个多月内便修复公路、桥梁、电站等基础设施，当年便夺得了农业生产大丰收。

农村居民生活迈向小康

改革开放经过近40年的发展，至2015年，在政府大力扶贫以及社会各界全力的支持下，广东民族地区农林工商和交通电讯各业，以及文化、教育、医疗、卫生、社会保障等社会事业都获得巨大的发展，社会面貌焕然一新，农村居民安居乐业，生活富足，正朝着小康水平迈进。

首先是收入大增。1978年，民族地区工农业生产总值为1.5亿元，农村居民人均年纯收入仅77元。在不到短短40年的时间里，两者均以惊人的速度飙升，分别达到近132亿元和一万多元；分别增长近85倍和130多倍。七个民族乡情况大体相同。农民手中有了较多的可支配货币，社会购买力大大提高。

其次是生活资料量多质优。20世纪80年代末，在粮食自给的基础上，种养业获得巨大的发展，鱼肉禽蛋迅速丰富起来；瓜果、蔬菜等经济作物不仅种类日益增多，而且产量相当可观；油类作物除传统的花生、芝麻外，瑶山大量出产的木本科山茶油以其独特的清香甚受消费者欢迎。总而言之，今日的农民已无须为吃饭穿衣而烦恼，粥饭荤素各随所好；日用衣物由于数量大增，款式繁多，可以按季节穿着，部分青年更已换上兴行时装；而防蚊的蚊帐，防寒的棉衣、棉被、鞋袜，以及床上的被褥床垫等应有尽有。部分先富起来的人，甚至追求时尚，西装革履，或购买西式大床，再配以弹簧床垫以及高档的床上用品，过着令人羡慕的生活。

再次，由于省政府的扶贫开发和安居工程，极大地改善农民的居住条件和居住环境。人均居住面积大幅提高。农民原有的破旧住房或危房，业已按社会主义新农村标准实行系统全面的改造而面貌一新，与移民新村相互辉映。而改水和改厕工作，根治了污水横流的痼疾，使村容村貌以及环境卫生完全改观；居民已用上自来水或洁净的水；至于那些昔日居住在"双缺"地区的民族贫困户，政府已帮助他们整村搬迁，将他们安置到易地而建的排列有序的移民新村，住进钢筋混凝土构筑的现代化楼房。至迟到20世纪末21世纪初，民族地区各行政村（包括大自然村）都已通车、通水、通电、通邮、通电话网络。而入学、就医、购物等早在新村规划时已有预案。住房内通风透气，光线充足；客厅陈放着现代家具桌椅、沙发，其余电话、彩色电视机、组合音响，以及厨房和卫生间的电器如电冰箱、电饭锅、抽油烟机、洗衣机等一应俱全。中华人民共和国成立不久，人们常把"楼上楼下，电灯电话"作为美好生活向往的概括，而这一切今日都已成为现实。

衣食住之外，"行"的发展更超乎人们的想象。昔日民族地区尽是羊肠小道，进城购物全靠徒步，且要手提肩挑。如今高速公路、国道、省道、县道、镇村道纵横交错，形成四通八达的公路网。城乡之间有定期班车甚或公共汽车来往，人们出行异常方便。此外，昔日人们常用的自行车现在也多已换成摩托车或电动摩托车。更有一些种养大户或经商的人，为了方便出入或节省时间，已开始购买小汽车代步，且买车的人数正在不断增加。这是以前做梦都不敢想的事。

除物质生活得到满足之外，他们的精神生活也丰富多彩。青年男女闲暇之时，可使用村中的康体设施，下棋打球或锻炼身体，或到文化室读书看报，增长知识，寻找致富之路；或者上网浏览环球风光，或观看电影、电视等等；老年人或含饴弄孙，于林荫大道两旁长凳上低吟儿歌催眠；而一些老年妇女或在空旷处跳起广场舞，自娱自乐。中小学生更为活跃，球场、文化室、网吧到处都有他们的身影，学习娱乐两不误。至于传统民族节日期间，文化生活更多姿多彩，如排瑶的"耍歌堂"、跳长鼓舞，壮族的"装古事"、"七月香"节，畲族的"招兵"节、抬"篮大将"等，举行大型群众活动，敲锣鼓，放鞭炮；老年人则讲民族传统故事，咏唱民族古歌，跳民族舞蹈，进行民族传统教育，村寨处处都是欢乐的海洋。

随着以就业安置、社会保险、社会福利和社会救助为主要内容的新型社会保障体系的建立和日臻完善，民族地区广大群众的就业、生活、医疗和健康等各个方面都得到可靠的保障。尤其是社会福利方面，"五保户"的供养、弱势群体的扶助和城乡生活困难的贫困户"低保"制度等的落实，使他们生活全无后顾之忧，而能真正过着健康舒心的幸福生活。这正如《礼记》所描绘的大同世界，人们"不独亲其亲，不独子其子，使老有所终，壮有所用，幼有所长，鳏寡孤独废疾者，皆有所养"。

五、各具特色的民族文化

瑶　族

1.制度文化

瑶老制　是排瑶历史上形成的以排为单位的社会政治制度和组织形式。至1949年10月，它仍程度不同地残存于南岗、油岭等部分大排中。因其主要成员须由老人充任，故称瑶老制。它由天长公、头目公、管事头、掌庙公、烧香公、管食水公和管田水公等七公组成。

前三公是瑶老制主要成员。天长公，每排一个，主要负责调解排内纠纷，维持社会秩序，以及代表本排对外交涉等等；遇有械斗或其他战事，他以"军师"的角色，主持其事。由排内成年男子选举产生，凡是上了年纪而又获得"法名"的，不论贫富均有资格当选。任期一年，不得连选连任。若不称职，可以同样程序将其罢免。

头目公，每排三五个不等。主要协助天长公处理具体工作。任期一或两年不等。其产生办法、任职资格、定期轮换等与天长公同。

管事头，专管军事，平时组织军事训练，战时是实际的指挥官。任期一年，由于军事人才难得，多数会获推举连任。

后四公为一般成员。他们分别负责排中大庙的管理和烧香，以及全排日常饮用水和灌溉用水。一般是推举产生。前两公多由老年人担任，后两者多由青壮年负责。任期各排不一。

瑶老制管理排内所有公共事务，大的如排际间械斗的战和、盗窃案件的审理，小至家庭纠纷，均由天长公召集瑶老开会，集体民主公议，以习惯法为依据，少数服从多数，天长公亦不得专断。若瑶老意见无法统一，则须提交全排民众（成年男子）大会讨论决定。

全体民众大会是排瑶最高的权力机关。它有全排民众大会、联排民众大会和全体排瑶民众大会即八排二十四冲大会等三个级别。由于后者习惯在今连南涡水乡白石洞召开，故也称"白石洞会议"。

瑶老制成员均不脱离生产，社会给予适当的实物作为误工补贴。

命名制 是排瑶独有的命名制度。首先，其名字字数多。如一未婚男子，全名为

八排二十四冲大会"白石洞会议"一角（马建钊摄）。采自《排瑶文化纪实》（1995年）。

邓佳命孟拜大头二贵共九个字，包括姓氏（邓）、房族名（佳命）、父名（孟拜）、己名（大头）、出生序（二）和未婚辈分称（贵）等六项内容。其次，这名字在人生各阶段，男子要三易、女子要四易。如该男子婚后有子、有孙、有曾孙时，依次要将辈分称改成"爸"（父辈通称，读bie）、"公"（祖辈通称）、"黄公"（曾祖辈通称）。再次，本名者逝世后，在世时的名字不能再用，要另起一个俗称"法名"的名字写入族谱，供子孙祭祀时使用。法名由姓+君+法号+排序+"郎"字组成。"法号"是本名者生前经一定宗教仪式而获得。若该男子的法号为"法财"，那他的法名便是"邓君法财二郎"。

女子的全名与男子相同，未婚辈分称为"妹"。其名字改动与男子不同的有三点，一婚后改从夫姓，二改妹为"莎"，三"法名"又复娘家姓。其余与男子"岙"、"公"、"黄公"相应的，是"妮"、"婆"和"黄婆"。女性法名与男性略似，其构成是娘家姓+氏+法号+排序+"娘"。

由于全名冗长，打招呼惯用简称。如邓佳命孟拜大头二贵，可简称邓大头或邓二贵；若不呼姓，则省称大头二或仅称阿二。

过山瑶也有与排瑶法名相似的"灵名"。灵名有两种，低级的称"法名"，高级的叫"郎名"。男子十岁左右举行一种称"挂灯"的宗教仪式取得"法号"。法名由姓+"法"字+法号组成。郎名是男子在取得法名后再举行一次花费更大更隆重的"度身"仪式，并由更高级的法师"师表"授予。郎名由姓+法名+排行+郎字组成。女子毋需取法名或郎名。其灵名全视丈夫的情况而定。丈夫有法名或郎名的，她的灵名便以娘家姓氏，分别以"者"字或"娘"字，与丈夫的法名或郎字相对应，并加上排行组成。

过山瑶有男子入赘女家之俗，婚后从妻居。其子女的姓氏结婚时即商定，如头胎随母姓，二胎随父姓，反之亦可，以后依次轮流。同一家庭的兄弟姐妹存在两个姓氏。乳源游溪东边瑶的女孩子，从出生至老死都没有名字。结婚前，人们呼她为某某（父亲名）女；结婚后，人们称之为某某（丈夫名）"噢"（瑶语，意为妻子）。

中华人民共和国成立后，瑶族传统命名制发生深刻的变化。排瑶解放初期参加工作的干部、职工以及外出读书、参军的青年，不论男女，都在传统的民族名字外，再取一个汉式名字。改革开放后，男女青年大量到外地工作，使用汉式名字已成为一股潮流，传统命名制逐渐成为历史。乳源东边瑶的女子如今都有了自己的名字。

2.习俗

服饰 瑶族服饰甚具民族特色，其中排瑶与过山瑶也有差异。

排瑶的便服，均用黑色或深蓝色粗布裁制。成年男子，上衣较短，无领无纽，对襟束黑色腰带；裤子短而宽，长仅至膝盖，俗称"水桶裤"；蓄发，梳成朝天髻或后枕髻，缠红绒线，裹红或黑色头巾，再插上一两支雄鸡翎；扎脚绑。各排大同小异。

女性服饰：未婚女子均扎朝天髻，以山花或白鸡毛为饰，盖绣花布帕。

连南排瑶妇女头饰。采自李筱文《图说广东瑶族》。

已婚妇女的服饰各排不一。南岗排梳后枕髻，髻上覆一蜡染黑白纹方帕；油岭排在髻上套一个油桐树皮做的小圆筒，然后用白织带缠紧；其余各排则在髻上戴一个红色或黑色的三角形布壳帽。其服装款式与男子大致相同，然其衫裤长度均至膝盖；扎黑或白色腰带，打脚绑。

　　白芒一带因受过山瑶影响，男子改穿有领、四袋、排钮、对襟的唐装衫；男女均穿裤，长至踝部；束青色（妇女）或红色（男子）腰带。

　　婚庆节诞盛装，男子各排大同小异。以红色为主，制作讲究，头裹两端绣有图案的红头巾，身着有花纹图案和滚边的衣服，束红腰带，肩披红绒刺绣并缀有银牌、银鼓、仅衫长一半之披风；下身穿裤，外再罩滚有花边的黑裙；佩绣花袋，打绣花脚绑。

　　女子盛装例由本人缝制。上身着背部有花纹图案、长及臀部的红色绣花衣，衣领、襟缘、袖口分别绣有红色花纹或滚边；下身穿长至膝盖的百褶花裙，裙脚有多层红绒线绣成的花草图案；头戴红绒刺绣并缀有银鼓银牌的花冠，束白色宽腰带，打红绒线绣的脚绑，肩挎绣花挂袋。此外

连山过山瑶妇女头饰。采自《图说广东瑶族》。

发髻上插两根雉鸡翎，脖子上套几个银或铝的项圈。

过山瑶服饰，各县之间有差异。连山过山瑶服装均用黑色土布裁制。男子上衣为竖领对襟长衫，两个口袋，有多对铜或银质的鸳鸯扣，袖口和襟缘镶有花纹图案，腰束绣花布带；下身着唐装裤。蓄发留辫，将两端绣有花纹图案的长头巾盘缠于头上，呈圆形，平顶。女子着镶边绣花衣，下身穿花边长裤，腰间系短围裙。盛装时，胸前挂五六块长方形银牌，腰间系绣花围裙，肩挎方形绣花袋。头则以若干条绣有花纹图案的头巾，缠绕成一个圆锥形高帽，帽上再用各色丝绒和银饰加以装饰。连州一带，髻上只盖绣花头巾，简洁方便。其余各地的与连山过山瑶大同小异。

乳源过山瑶的传统服饰大致可分三种。东边瑶居于必背、游溪一带的，男子蓄发扎髻于脑后，用绣有花纹的蓝色或白色布包头；戴银质三角形耳环。衣服惯用京青布。男子着低领大襟衫，前后均镶嵌一方形花纹图案；穿阔大长裤；缠白或蓝色脚绑。女子穿无领、长及膝盖的大襟衫，其前后各镶嵌一与男服相似的方形刺绣图案，重裙；束彩色绣花腰带；打脚绑。

而居于柳坑、东坪一带的东边瑶，则以

乳源东边瑶的"山"字形三角帽。采自《乳源瑶族志》（2000年）彩页。

乳源东边瑶的帆船形三角帽。采自赵文彬《乳源瑶族风情录》（2007年）彩页。

白扣布、蓝布为衣料。男子蓄发包头巾，穿白色对襟衣，外罩蓝布短褂，着蓝裤。女子衣裳与必背、游溪等地相似。

东边瑶妇女的头饰最具特色。女子及笄，戴平角帽，婚后则改戴高耸的三角帽。此帽先用竹片和薄板扎成架子，用猪油或蜂蜡把头发粘于板上后，用白布包好，最后再将青蓝色的绣花巾覆盖于白布之上，因帽高巍峨，有似帆船形和"山"字形两种。柳坑和东坪的新村、东田一带喜用"山"字形，而帆船形流行于必背、游溪和东坪的茶坪一带。古方志称之为"戴板"或"顶板",称其人为戴板瑶或顶板瑶。

散居龙南、侯公渡一带的西边瑶,衣服多用蓝布。男子不蓄发,不戴耳环,头裹青蓝色方巾,穿对襟唐装衫裤。女子着大襟衫,长裤。其衣领、袖口、襟缘和衫裤脚均滚青、白、黑三色布条;头戴用多层布叠成的布帽或用绣花蓝布包头。

上述传统服饰,在中华人民共和国成立后,尤其是改革开放后在广大农村已甚少露面,仅在传统节日或偏远山村或能一见。

居住 排瑶居住习惯与过山瑶不同。排瑶以血缘聚族而居。村庄必择高峻,房屋依山构建,由上至下层层排列,故汉族称其为"排"。大排规模,其户数由数百至近千不等,也有少量规模较小的小排冲。房舍多是两室一厅,厅在中间,两侧分别是卧室和厨房。惯在厨房内挖一四方浅坑,中央架铸铁三脚架为灶,冬天一家人环灶取暖。

过山瑶居住分散,村寨较小,每寨数户至二十户不等。由于历史上迁徙不断,房屋建造多因陋就简,以泥砖或木板做墙,盖杉皮或茅草,少数富有者盖瓦。住房多一房两间,分作卧室、厨房兼洗澡间。

饮食 瑶族饮食一日三餐。排瑶虽以种稻为主,但耕作粗放,产量不高,故平时多以稀饭拌玉米、芋头、薯类。过山瑶耕山，只能以杂粮为主食。盐向来是瑶区稀缺之物，瑶民吝于食用，甚或淡吃。他们不擅园圃，虽有种植蔬菜，然种类少，产量不多。有饲养生猪、家禽习惯，除婚庆年节或招待客人外很少宰杀，多拿到市集换回生活必需品。腊月惯杀年猪，腌制后挂于火堂之上熏成烟肉，然亦多用于款客。平常甚少吃肉，偶尔猎获山禽、走兽或捕捞鱼虾自奉，算是幸运。

瑶族喜食糯米，逢年节用糯米包粽，或做糍粑，自用或送礼。还用糯米酿甜酒，给产妇补身子。

男子多嗜烟、酒。烟多自种，用烟斗吸食。酒的度数很低，叫水酒。酒多到汉商店铺购买，或以大米换购。

婚俗　瑶族婚姻成立过程，有求婚、订婚、认亲（问名）、择日、送嫁（纳聘）、迎娶等，与汉族"六礼"略同。但迎娶日除排瑶部分地区外，新郎例不亲迎。

排瑶求婚有父母包办和自由恋爱两种。前者多是家境较好的人家，与汉族的"父母之命、媒妁之言"基本相同。不同之处是孩子长大后，任何一方如身体有缺陷或人品不端，对方都可以通过媒人解除婚约。

"讴莎腰"，直译为"唱姑娘"，是排瑶

"讴莎腰"。采自唐辉《排瑶文化纪实》彩页。

青年极富浪漫色彩的恋爱方式。每当夜幕降临，小伙子便手持火把匆匆走到心仪姑娘家的窗前，隔窗唱歌求爱：先自我介绍，然后称赞姑娘如何美丽能干，令自己日夜思念。如姑娘对该男子没有好感，就会装作听不见，任由他自我表白，让他自觉无趣而自行离去。也有些姑娘不忍心男子苦苦自诉，从窗口递出火把，请他另觅知音。若姑娘对来者有意，就会搬把椅子让男子坐下，双方隔窗对歌。若谈得投缘会一直唱到天亮，在约定下次会面时间后方依依惜别。经过长时间交往，彼此情投意合，便交换信物，正式确定恋爱关系，并各归告父母。男子父母便请媒人到女家求婚。得到女方父母首肯后，男方将订婚礼物交由媒人送至女家。女家把男家礼物收下，并设酒席宴请女子舅父和本家至亲，正式将婚事定下。接着男家通过"认亲"、纳聘、择日，将婚期告知女家后，即着手筹办婚礼有关事宜。

排瑶婚俗中有一个别开生面的"炒黄豆"仪式。婚期前一天傍晚，准新郎由伴郎陪同，带着酒肉等去到准新娘家。女家设晚宴招待。午夜，准新娘炒黄豆、泡香茶，款待准新郎和伴郎。饮毕，准新郎和伴郎一行立即离开。然后，准新娘又请来闺蜜以及曾经讴过莎腰的男子，亦炒黄豆、泡茶款待，大家边吃边喝边唱分别歌，直至天亮。

迎娶日上午，新郎身着盛装，由媒人、伴郎和数名亲友陪同，步行至女家迎亲。新娘由婶娘或嫂子帮助梳妆及披上嫁衣，由媒人牵手倒步行出家门，与父母泣别。接着新娘由女家送嫁队伍护送，与男家迎亲队伍一道前往男家。新娘手拿一把半撑开的油纸伞，伞上贴有一张"辟邪符"。途中遇到过桥或过河，新娘乘机撒娇站着不走，要新郎将她背过去，送嫁队伍乘机起哄逗乐。

迎亲送嫁队伍到达男家村口，男女两家歌手对歌。新娘抵达新郎家门口时，主家燃放鞭炮。"先生公"祷告祖先后，新娘由新家姑领入新房。

傍晚，男家大摆筵席。席间男家至亲长

辈以对歌的形式，教育新婚夫妇勤俭持家，互敬互爱，白头偕老。喜宴后，举行"洗脸"仪式。新婚夫妇并排站在神龛前，由一女子帮忙，新婚夫妇逐一招呼至亲长辈洗脸，新郎母亲从旁给新娘逐一介绍认识。

排瑶无闹洞房习俗。喜宴期间，一对新人分别由伴郎伴娘陪睡。至第三天，新婚夫妇带着鸡、酒、猪肉等回娘家，称"回门"。当天新婚夫妇回家，始正式过夫妻生活。

过山瑶的婚姻家庭形式，除男婚女嫁外，男子上门婚后从妻居也颇盛行。此外还有一种形式，就是男子或女子的父母都已年老，男到女家入赘或女嫁男家后，夫妻都轮流到对方父母家从事农业劳动，照顾和赡养他们至终老，称之为"两边走"。社会不加干涉。

过山瑶的婚姻多由父母包办。迎娶日，新婚夫妇都身着盛装。连南一带新郎不亲迎。新娘在父母和兄弟姐妹的簇拥下，徒步前往男家。当新娘一众行人来到新郎村边时，男家举行接亲仪式。新娘和送亲众人在村边围成大圆圈或排成数行，接亲方的吹鼓手吹奏迎亲曲，敲锣鼓，在新娘和送亲者的圆圈里共串三十六圈，称为"串新娘"。

新婚夫妇拜堂是婚礼的高潮，其仪式在正厅举行。拜堂有两种，连南一带的较为简单，称"拜祖宗"。仪式在婚宴期间进行，双方亲家和叔伯兄弟等在神龛前就座，其余宾客坐散台。各台摆上酒肉，全体宾客开怀畅饮。酒至半酣，新郎新娘分别从左右门步入厅堂，并排站在神龛前面的新大红被上，先向祖宗行三跪三十六拜大礼，接着夫妻对拜。在夫妻喝过交杯酒后，拜堂仪式完成。喜宴散席，新婚夫妇被延入洞房。青年男女涌入，闹洞房至深夜。

连山一带则隆重其事，称"拜堂通宵"，仪式在婚宴结束后进行。一对新人要对所有参加婚礼的成年亲友行拜礼。对祖宗、祖父母和父母等至亲，每人行三十六拜，叔伯辈行二十四拜，平辈行十二拜。每作揖三次下跪一次为一拜。行拜礼时，新郎跪拜由伴郎

连山三水乡过山瑶婚俗"拜堂通宵"。采自《广东省志·民族宗教卷》彩页。

搀扶；新娘由女宾搀扶，例只拜不跪。受拜长辈仅唱赞词和说吉利话。到所有宾客拜完，新郎已精疲力尽，往往也已天亮，故有"拜堂通宵"之说。

翌日早上，进入与排瑶"洗脸"相似的"认亲"仪式。新婚夫妇各由对方一位长辈带领，以敬酒形式按辈分逐一介绍祖父母、父母、叔伯和兄弟姐妹等互相认识。第三天，新婚夫妇带着酒肉等礼物回娘家，娘家热情款待。新婚夫妻饮宴后随即回家，开始过夫妻生活。

乳源东边瑶的婚俗又与上述不同。当地俗例凡婚嫁喜事，主家的亲戚朋友及邻里自动来贺，人数多至百人。新郎穿便服，包头巾；新娘多戴"山"字形或帆船形三角高帽。成婚日，新郎不亲迎，其母亲或母亲的姐妹由媒人引路到女家迎娶。女家送嫁队伍由新娘父母、舅父以及兄弟姐妹和亲戚等组成。迎亲和送嫁队伍一起簇拥着新娘，徒步前往新郎家。队伍后面，两位未婚女子抬着一个黄色或棕色、内里装着嫁妆的木箱，称为"送嫁"。新娘到达新郎家门口时，主家燃鞭炮迎接。师爷站在大门口，说些夫妻恩爱，早生贵子等吉祥话后，新郎新娘便进入屋内。双方父母对着众宾客，告诫新郎、新娘要孝顺父母、公婆，勤劳生产，勤俭持

乳源过山瑶婚俗"送嫁"。采自赵文彬《乳源瑶族风情录》（2007年）彩页。

乳源过山瑶婚礼，新郎、新娘向长辈敬酒。采自《乳源瑶族志》（2000年）彩页。

家，不偷不盗。告诫毕，一对新人在向祖宗神位叩拜后进入洞房。

晚宴前，新婚夫妇向长辈敬认亲酒。认亲完毕，男家宴请全体宾客，大家猜拳行令，祝酒之声此起彼落，直至天明。

必背镇一带，婚后七天，新娘独自返娘家"回门"。在娘家小住几天后回家，婚礼结束。

而东坪、游溪一带还有一个与婚礼有关的"转面"仪式。婚后首次生育当年的除夕，夫妇要带着婴孩和大量鸡鸭酒肉糍粑之类的礼物回娘家转面。娘家村寨群众闻讯即燃鞭炮，放铁铳，夹道欢迎。当他们回家时，全村人又送至村外，争相鸣炮。他们带到娘家的礼物，除部分给娘家外，要遍送村中每一户。到娘家的第二天即大年初一，娘家盛宴款待转面夫妇以及前来祝贺的亲戚和村中各家户主。从年初二起，村中各户轮流款待转面夫妇，直至轮遍。转面仪式不仅耗费大量人力物力财力，而且费时甚长，有的长达半月，是年轻夫妇一项沉重负担。

男子入赘，婚礼甚简，双方至亲齐集女家，随便吃一顿饭和饮过认亲酒后便算礼成。

中华人民共和国成立后，一切按婚姻法办事，旧俗转面已逐渐移易。而婚姻成立的礼俗仍大部分保留。

丧俗 排瑶与过山瑶不同。

"尸椅"是排瑶丧俗突出的特点。老人去世，其子女先在家门口鸣铳炮三响，接着派一员亲属去外家报丧。所在排冲的亲朋闻

"先生公"葬礼之出殡。采自《排瑶文化纪实》。普通人出殡,仅死者坐在灵轿上。但死者生前若是"先生公",按例,出殡时除死者外,还有一位在世的"先生公",与死者对坐,话别永诀,以示尊重。

到铳炮声后,会自动前往丧宅吊唁,并主动帮忙料理丧事。子女则立即到平日挑水处"买水",挑回家烧热后给逝者沐浴,换上寿衣、鞋袜等。死者生前若取得法名,就要将他扶坐在一张俗称"灵轿"的椅子上,并用布带将其固定,如活人般端坐。另外加一件纸制的镶有圆形银牌的披肩,戴一顶插满雄鸡羽的纸冠,再用纸将其面部覆盖。这就是"尸椅"。当晚请"先生公"给死者念瑶经打斋,翌日上午出殡。遗体不殓入棺材,随灵轿抬至墓穴旁。出殡时,"灵轿"上再绑一把油纸伞。全排的人都主动来给死者送葬,沿途敲锣打鼓,不断放鞭炮、铳炮。抬至墓穴旁,将遗体从"灵轿"上解下,由儿子背到先期抬至墓地的棺材旁,再由本族兄弟将其移入棺中。棺材放进墓穴后，立即鸣放鞭炮和铳炮，直系亲属边哭边向墓穴撒土。掩土成坟后，在墓前竖一根木棍，用以悬挂死者生前用物；灵轿弃置于坟后。再于墓旁鸣铳炮九响，表示葬礼暂告一段落。此后，一连三天，孝子孝女及其亲属要在天亮前送饭菜到新坟前，最后一天整理好坟墓，丧礼正式结束。但仍需逢忌日举行百日祭、周年祭、两周年祭、三周年祭等纪念活动。而且在三年内，孝子不得建新房，不得在丧宅放鞭炮。

排瑶视"尸椅"出殡为荣耀，若死者生前未获法名则无资格享用。此俗20世纪末废弃。

过山瑶受汉族影响较深，其丧俗与排瑶明显有别。连山、连州等地老人辞世后先报丧，后治丧。其一般程序是："买水"、沐尸、换寿衣、入殓、做斋、盖棺、出殡、埋葬。做斋时，请师公两三人，做一夜斋的叫"开路"，做两夜斋的称"送终"。孝男孝女均穿白衣，头缠白布；本房族晚辈均头缠白布，以示哀悼。下葬当晚，子女要送饭菜酒到坟前。葬后第七天晚上，举行"迎七"仪式，请师爷念经作法，将死者法名写入"家先单"后，丧礼结束。

非正常死亡如自杀、毒蛇猛兽咬死、难产和恶疾死等，打斋时要额外增加"下油锅"、"过火炼度"等科目。

入葬三四年后，要拣骨重葬。迁葬时，子女要刺破指头滴血于骸骨之上，以示骨肉相连。

乳源东边瑶的丧俗与连南、连山等地的过山瑶又有差异。老人死后停尸床上，用湿毛巾擦拭其头脸四肢后更换寿衣，并将遗体移至厅中，按水流方向停放。然后在死者身旁摆放三碗米饭，各插一双筷子，在头旁边放一盏油灯。孝男孝女和孝媳头包白布戴孝。准备停当后入殓。丧礼按死者生前做法事所获得的身份按下列三种情况处理。

已度身得郎名者，丧礼十分隆重。在丧宅外竖两株带枝叶的竹，在竹与大门之间，系七八尺长的青、白布各一段，以示迎神。法事由二至六位师公主持，连续两天；要挂神像，请神；要上屋顶吹牛角号，"开天门"，导死者灵魂上天。第三天出殡。葬毕，众人回到丧宅后，师爷举行送神仪式，将厅内所有与丧事有关的摆设撤去，子孙的孝服除下，丧礼告一段落。至第七日晚上称"做七"，师爷将死者郎名填入"家先单"后，丧礼全部结束。三年后捡骨重葬。

仅挂灯的，死者灵魂升不了天，法事仪式不挂神像，不请神，法事仅一天，第二天出殡。

既未挂灯更未度身、家境极其贫寒的人，丧事一切从简。

非正常死亡如难产、恶疾死，则将棺移至野外焚化；被杀或死因不明，停棺偏僻处不葬。

21世纪初推行火葬，遗体火化前仍依旧俗，火化后骨灰仍旧土葬。

生育　瑶族历来人口增长缓慢，社会渴望族人多诞子嗣，故妇女视生育为荣耀。社会对产妇和婴孩给予无微不至的关爱。除本家极尽所有之外，外家以及亲戚朋友都带上猪肉、鸡和糯米甜酒等前往探视、慰问；妯娌和外家姐妹会送去柴草和点火把用的竹子、芒秆，使产妇有充足的营养和能安心静养，身体得以复原。倘若家庭因闹矛盾而殃及产妇，必遭社会严厉谴责。婴儿从出生到百日，要做一系列的喜庆活动，婴儿出生三天，要请"先生公"给婴儿命名以及杀鸡祭祖，摆酒宴庆贺；满月，邀请亲戚朋友到家中喝满月酒；诞生一百天，主家做糯米糍粑，请亲朋饮百日酒。此后，产妇方可外出活动或劳动。

民风　瑶族民风淳朴，有口皆碑。"重然诺"，南宋时已有典籍记载。他们与人交往，事无大小，凡作出承诺，绝不反悔。

路不拾遗。排瑶有"物各有主，非己莫

取"之说。盗窃之事在瑶山甚少发生。猪牛以及储存谷物的粮仓均置户外,例不上锁。人们外出劳动或赶集,将预先做好的饭食悬挂在路边的树上,以便回程时食用。路人即使再饥饿难忍,也从不取食。野外一些人皆可取的自然物,如一窝马蜂、一丛野蘑菇或河里一群鱼,只要有人打了茅草结作记号,其他人就绝不会染指。

待人诚恳。与壮汉两族"认同年"、"挨伙计",均视同至亲。他们相互交往的时间,往往比亲戚还要久长。

团结互助。一家有难,百家相帮。新建房子,兄弟叔伯、亲戚朋友、"同年"、"伙计"等都主动前来帮助,主家仅依例招待饭食,从不计工钱。至于日后自己建房,该主家能否回帮,帮工者毫不计较。

3.节日

春节 排瑶春节从腊月十五吹牛角至来年正月十五,节期一个月。腊月二十开始宰猪杀牛做熏肉并酿酒。除夕日,各家杀鸡鸭、贴春联,燃放鞭炮,祭祖先;晚上,吹牛角、敲锣鼓。年初一亲友互相拜年,外嫁女回娘家看望父母;民间艺人组成牛角队、长鼓队、锣鼓队等,到各村寨献演。拜年活动至年初六结束。

乳源过山瑶,除夕至年初四几天,与排

瑶相似。年初五为"送懒日",各家打扫卫生,烧香放鞭炮,到野外焚垃圾。年初六送神,在祭祀祖先后,把它送回天堂或地府。

"温沾温东"节　节期为年初一至年初三,系排瑶传统节日,意为玩禁或玩坡。未婚男女盛装打扮汇集到俗定的山坡上,尽情嬉戏对唱情歌,乘机物色意中人。遇情投意合者,则走到静处互诉衷肠,建立感情后,互送信物。归家后各告知父母。这是"讴莎腰"外又一种恋爱方式。也有些已婚男女,由于种种原因未能与曾经相爱的人共结连理,也趁这个节日与昔日恋人对歌,互诉相思之苦。此节过后,这种婚外幽会被禁止,故又称"开禁节"。此俗至今仍然兴行。

元宵节　排瑶称正月十五为元宵节,意味春节结束。过山瑶则称过小年。均用猪肉、鸡等为祭品,点燃香烛纸钱祭祖。

二月节　乳源过山瑶称二月初一为二月节,又称"禾必(麻雀)节",意为新一年开耕了,为使庄稼不遭鸟害,要封住鸟嘴。

开耕节　二月初二为排瑶的开耕节,象征新一年春耕开始。各户杀牲敬奉土地神和祖先,祈求风调雨顺,五谷丰登。

清明节　以节气作节日,此日排瑶各家买猪肉、杀鸡,祭祀祖先。过山瑶以糯米糍粑、猪肉和全鸡作供品,扫墓祭祖。

起愿节 三月初三，排瑶各户做糯米糍粑，杀牲买猪肉等敬祖先。同时派人到盘古王庙祭祖许愿，祈求风调雨顺，五谷丰登。

端午节 节期为五月初五。过山瑶称"天中节"。各户用糯米裹粽，门口悬挂葛藤、艾叶，屋内外洒雄黄水驱除邪气，迎接吉祥。

尝新节 排瑶称六月初六为尝新节。此时玉米、早稻即将成熟，于是买猪肉杀牲，并采几串稻穗到盘古王庙和土地庙祭祀，表示对祖先、土地公和谷魂谢恩。

开唱节 节期为七月初七。相传为排瑶祖先盘古王的诞辰。为纪念他开天辟地，造化万物，唱《盘古王歌》。同时选几位擅歌老人，到盘古王庙轮流唱。从此日起至来年开耕节前，瑶民可随时唱歌。而此前，夜晚是禁止在排中唱歌或"讴莎腰"的。故称其为"开唱节"。

中元节 节期为七月十四。过山瑶买猪肉、杀鸡、磨豆腐，做芒叶糍粑，祭祖先，招待前来过节的亲友。晚上，在屋前或大路口燃点纸钱香烛，以祭孤魂野鬼。

中秋节 即八月十五。过山瑶家家杀鸡，买肉敬奉祖先。晚上，吃石螺、月饼以赏月。

盘古王节与"耍歌堂" 相传十月十六

是始祖盘古王婆诞辰，恰巧又是盘古王仙逝之日，一般称"盘古王节"。"耍歌堂"是排瑶为纪念盘古王而举行的规模最大的群众性酬神娱乐活动。以排为单位，每隔三五年一次，一般在盘古王节当天或稍后举行，一连三天。活动期间，身穿节日盛装的男女老少倾排而出，汇集到排中的盘古王大庙，宰猪杀牛，念诵瑶经，唱《盘古王歌》，举行隆重祭祀盘古王和历代祖先的仪式。白天在排外旷野或收割后的稻田上，进行游神、过州、祭法真、追黑面人等活动。人们敲锣打鼓，吹唢呐、牛角，跳长鼓舞，放鞭炮铳炮，尽情欢乐。傍晚，各户热情款待前来道贺的宾客。晚饭后，未婚青年男女在野外燃

排瑶最隆重的传统节日"耍歌堂"（2000年李筱文摄）

起篝火，对唱瑶歌，谈情说爱；中年人和小孩则在家中火炉塘边围坐，听老人讲民族历史和传说故事，进行民族传统教育。"耍歌堂"期间，方圆百里的瑶、壮、汉等族同胞都应邀或主动前来观光助兴。歌堂场上，彩旗飘飘，人山人海，鼓乐喧天，鞭炮铁铳齐鸣，场面极为壮观。

1984年，全国瑶族代表在广西南宁市商定，盘王节节期统一为农历十月十六日，节期三至五天。2006年，国务院将其列为"国家级非物质文化遗产"。

十月朝节 节期十月初一，乳源过山瑶为庆祝丰收和感谢耕牛的劳作，各家做糯米糍粑，磨豆腐。先用草药、鸡蛋与黄豆煎成饼加甜酒灌牛饮；次用青菜包糍粑喂牛。同时解禁鸟嘴，让它自由觅食，故也称"开雕节"。

4.民间信仰

多神崇拜 瑶族民间信仰有盘古王或盘王崇拜、祖先崇拜、自然崇拜和道教诸神崇拜四种。他们把盘古王或盘王奉为开天辟地的始祖。排瑶的大排都建有盘古王庙（小排则数排合建），供奉盘古王夫妇偶像。逢年过节和初一、十五，掌庙、烧香二公都到庙中焚香敬茶。过山瑶除年节祭祀外，还不定期举行"还祖先愿'"和"还盘王愿"。

祖先崇拜 每家正厅设有神龛，上面有用红纸或红布写的历代祖先讳名；年节及每月初一、十五，向祖先烧香敬茶。

万物有灵 瑶族认为天地间都由鬼神主宰，山有山神，水有水神，树有树神等等。村寨都有土地庙，统管寨中诸事。上山狩猎，先祭山神；每年开耕，先祭祖先和五谷神。

道教诸神崇拜 明万历年间，道教传入瑶区，对瑶族影响深刻，其原始宗教掺入许多道教因素。排瑶"先生公"所念之瑶经，多有"三清"和太上老君、张天师等道教神祇。

"香歌堂" 又称"旺歌堂"或"挨担堂"，汉族称打醮，是排瑶具有浓厚道教色彩的祭祖度戒活动。以姓氏或其下的房族为单位，多于秋收后举行；每十八至二十年一次，活动时间三天。其主要程序有三项，一是祭奠亡故的先人，二是为活着男子取法名，三是让取法名者"过州"，接受宗教洗礼。在仪式开始前，当事人要斋戒七天，以示虔诚。三天活动的内容依次是，将祖先偶像接到临时设置的斋坛，取法名者在"先生公"和母舅的带领下走过"九州城"捡得法名后，将祖先偶像抬回盘古庙，然后开斋吃荤，活动结束。

拜盘王 简称"拜王"，也称"跳王"

或"调王"，是乳源瑶族祭祀始祖盘王、祈求消灾赐福，具有浓厚道教色彩的法事活动，参加者仅限于男性。其目的有二，一是祭盘王，二是为主家男子取法名。一般择冬季闲暇时举行，三年一次。其规模有一家独办和同一房族数户联办两种。须请师公二人，擅唱瑶歌的歌姆（女）以及童男童女若干，时间为三天三夜。其仪式由祭盘王开始，师公念诵瑶经，歌母领唱《盘王歌》，童男童女对唱，历数盘王率族迁徙之艰辛和缔造民族之贡献，祈求降福人间。之后拜王转入为各主家男子举行"挂灯"仪式。师公遍请挂灯男子之同辈兄长及其母舅作为见证人，在神龛前给各男子主持挂灯仪式，捡取与排瑶相类的法名后，拜王结束。

与拜王相类的，还有"半路王"和拜"千年王"。

半路王 是一项祭祖还愿的法事活动。其起源与盘瑶十二姓渡海传说有关。半路王仅在灾年歉岁举行。

千年王 其举行主旨及仪式与跳王、调王等基本相同，是诸拜王中规模最大的一种。由赵、盘、邓、李、黄、冯六姓数村共同举办，一般三十年一次，法事持续七昼夜。参与举办的有关姓氏和村寨遍请亲戚朋友，人数甚多，场面甚大；人们大吃大喝，耗费甚巨。中华人民共和国成立至今未举办过。

还愿 连山、连南和连州一带过山瑶的祭祖还愿法事，多在十月十六或稍后举行。全寨多姓联合举办的称"还大愿"，独家进行的叫"还小愿"。前者规模宏大，各户或各姓捐款捐物，请多位师公，费时三天三夜。其内容是请神、拜神、念经和唱瑶歌。唱《盘王歌》时，有歌师（男）、歌姆（女）领唱，童男童女对唱，以缅怀祖先漂洋过海迁徙的艰辛，和感谢盘王及祖先的保佑。还小愿的内容和程序与前者相似，仅规模小，时间较短。

"先生公"、师公、经书、师表与法器 瑶族原始宗教法事活动的主持人，排瑶称"先生公"；过山瑶称师公、师爷。"先生公"有一定文化，往往兼为瑶医、瑶老，在社会上有较高的声望。他们有法器和法具，能背诵许多祖传的经书，通晓驱鬼治病的法术。排内但凡举行宗教活动都请他们念经作法。"先生公"没有明确的等级区分，全凭他在瑶民中自然形成的威望来决定其受尊重的程度。"耍歌堂"、"香歌堂"和打斋等大法事，要由道行高、资历深的大"先生公"主持。资历浅的"先生公"只能做些送鬼之类的小法事。"先生公"人数甚多，大排多达百个，小排小冲也有十几二十个。"先生公"的传承方式是师徒相授。资深的"先生公"授徒每批三五人不等。拜师者的"学费"多是大米、柴火、油盐之类的实物，以及年节时送些酒肉，以示敬意。

过山瑶的师公或称师爷，其道行高、资历深的称"师表"。师表与师公，其职级、职能都各不相同。师表是通过度大戒加职、被授予太上老君神印的大师公，享有最高的权威。但凡重要法事，需师表才有资格主持开坛，并担当主醮师和还愿师等职。师公只能做些送鬼、占卜、查鬼、择日之类的琐碎法事，以及在大法事中做师表的助手。师公的传承和"先生公"传承一样，同为师徒相授。经过挂灯获得法名的人都有资格拜师为徒。

排瑶"先生公"所用经书如经文、疏表、文榜、文牒、文状、咒语、神符等均用汉字抄写。由于各由师徒手抄流传，内文、篇名皆有差异。排瑶经书有24类72册，内有《收耗》、《造桥》、《请公》等篇。过山瑶经书有《起马出门书》、《开天门书》、《挂灯书》、《度身书》等。

"先生公"和师公所用法器大体相同，有神印（盘王印或太上老君印）、神杖、神剑、铜铃、杯笅、神鞭、道教神像挂图、牙板、锣、鼓、钹等等。

壮 族

1.文化艺术

壮歌 壮民爱唱山歌，用壮语或广州方言唱，有情歌、劳动歌、知识歌、年晚歌和儿歌等，其中以前两者居多。改革开放后，青年男女多已到城市务工，时下农村唱壮歌的多是中老年人。

"坐歌堂" 是壮族唱歌形式的一种，流行于连山永和镇梅洞一带，时间多在春节或中秋月圆之夜。人们在村中的草坪或秋收后的稻田，分别在两端燃起篝火，男女歌手分别围篝火而坐，对唱山歌，谓之"坐歌堂"。在坐歌堂期间所唱的歌称"坐堂歌"，坐堂歌依次有引歌、对歌和尾歌三部分。所唱之歌有拆字歌、猜谜歌、盘问歌和大量的情歌。对歌前先由男歌手唱引歌，向女歌手发出对歌邀请，接着女歌手和男歌手轮流唱问、唱答。这样相互对唱，往往延至深夜甚或通宵达旦。最后双方齐唱"尾歌"，并约定下次对歌日期和地点后散场。对歌多即兴而发，但也允许带手抄歌本，或者请"歌伯"（年长男歌手）、"歌娇"（年青女歌手）作参谋。坐歌堂在"文化大革命"前较为活跃，之后已逐渐停止。

壮族民间艺术有舞狮、装古事、舞春

牛、舞寿星公与龟鹿鹤和舞火龙等。这些文艺活动多在春节期间和公众假期演出。

装古事　是春节期间晚上进行的一种以历史故事为题材举灯游演的群众性娱乐活动。以村寨为单位，流行于连山和怀集县壮区，一般三五年举行一次。春节前，村民便开始游演的前期工作，以竹篾、木枝和五色纸等制成鱼、虾、鸟、花等各式灯笼，以及形状各异的提灯和举灯。引领游演队的首灯醒目标出主办村的村名。故事都是家喻户晓的，如《七仙姐妹下凡》、《梁山伯与祝英台》、《武松打虎》等。中华人民共和国成立初期，加进一些如斗地主恶霸、抓特务等现代题材。游演队伍的人数因故事情节繁简不一，从几人到十几人不等。从年初三开始，装古事队自近而远依次到各村献演，所到之处万人空巷，群众围观如堵。村民燃放鞭炮迎接，并以姜糖茶、美酒等盛情款待。

舞春牛　多在年初二之后进行，故称"舞春牛"。具体做法是先用木或竹篾编成牛头，以花被或黑布作牛身；两人分别操牛头和牛尾并弓背扮成牛。此外还有扶犁人、若干伴舞伴唱少女以及乐队六至八人等，总共十六七人组成。表演时，牛在前，人扶犁在后，乐队奏乐，伴唱伴舞少女和众人边舞边唱"惜牛歌"，"奉劝世人惜耕牛，人畜两旺乐悠悠"，表现农耕民族爱牛护牛惜牛的情怀。连山壮族、瑶族自治县政府先后三次组织到县市献演，深得观众好评和上级政府嘉奖。

寿星公与龟、鹿、鹤舞　龟鹿鹤是公认吉祥之物，而头大脑鼓的寿星公更是福寿象征。此舞流行于连山小三江镇一带。献演此舞与装古事、舞春牛一样，先要做好编织或扎制龟、鹿、鹤以及寿星公面具等前期工作，然后物色人选。演出时，以大锣、大鼓、大钹引导，寿星公挥动拂尘紧随，灵童、玉女用清枝引鹿、鹤、龟出场，两鹿长角相抵，龟、鹿互相啄咬，寿星公上前一一调解，鹿、龟、鹤重归于好，最后，寿星公率领众神到人间踏青。此舞于1994年被录入《全国民族舞蹈集成》。

连山壮族民间舞蹈《寿星公与龟鹤鹿舞》。采自《广东省志·少数民族志》彩页。

2.风俗

服饰 壮族服装颇具特色，喜用苎麻纺纱织成粗布，以蓝靛或鱼塘深底泥染成蓝色或黑色。成年男装有枇杷襟和对襟两种，无领、长至臀部；肩内贴布缝在外面，称"反膊"衫；衣襟镶有一寸多宽的色布滚边，钮用铜扣。已婚女服亦无领、右襟、反膊，衣袖宽大近尺，长及膝盖，外加滚边花兜肚，腰间挂一串穗形针筒，与钥匙一起，走路时窸窣作响。其婚服，黑衣之上罩一幅带流苏的披肩，黑裤外加一条红绒布做的绣有花纹的壮语称之为"裑"的散条裙，脚穿勾头花鞋。

头饰 少女喜蓄长发，梳一条长辫。已婚妇女，头梳龙凤髻，贯以大簪，或包白布帕。男童帽子颇具特色，用两三寸宽的绣花布条缝成一个直径三四寸的圆圈，有的在上面缀两个小小的狗耳。中华人民共和国成立后，尤其是改革开放后，壮族服饰已逐渐与汉族趋同。

居住 壮族先祖住在搭建在木桩之上称作"干栏"的木房子中。人住在楼板上，其下豢养牲畜。至近代，干栏建筑已不见踪影。他们的房屋，与周邻汉族相同，泥砖为墙，上盖瓦或杉皮。村民保留着血缘聚居的习俗，血缘较近的几户紧挨在一起，在共同的出入口处设门楼。门楼上有一个白色的内有金钱造型俗称"钱眼"的圆圈，作为区分血缘的标志。改革开放后，不少人家到村外单独建起楼房，彼此间血缘关系亲疏不一，门楼逐渐成为历史陈迹。

饮食 饮食习惯大都与汉族相同，但仍残存若干独特的喜好，一是爱吃腌制过的酸菜或肉类；二是喜吃糯米，尤其用糯米做成的白糍和黄饼是壮家节日喜庆必备的食品；三是仍然保留若干太古时期"食生"的遗风，即直接食用只用酸醋泡浸而未经蒸煮的食物，如鸭血醋浆、醋浸猪肉和草鱼等。

婚俗 婚姻以男娶女嫁从夫居为主，少量招赘婚。婚俗受汉族影响较深，讲究"父母之命，媒妁之言"，除迎娶日新郎不亲迎外，其余礼俗与汉族相同。聘金讲究白银、猪肉、鸡以及盐、茶叶、槟榔等。迎娶日上午，男家派出接亲娘，与媒人、乐队以及大红花轿（家贫者无）一起到女家接新娘。新娘穿黑衣黑裤，撑黑伞，上轿前，由父母健在、子女无夭折的"好命"姑（已婚）嫂二三人，为其梳洗打扮。新娘从出房门起，手持白纸扇遮脸，与父母哭别后，由兄长背出上轿。若无花轿，新娘从家门至村前走过的脚印，接亲娘用带叶的树枝象征性地一一扫除，叫"封典印"，意思是使新娘不留恋娘家。新娘进入男家前，在大门口举行一个象征夫权的"过筛"仪式。男家事先在米筛上放一束散开的筷子和一条新郎用过的内裤，并将米筛高举门顶，当新娘进门时，巫师摆动米筛，并突然向新娘撒一把稻谷，喷一口清水，使新娘猛然打颤，意思让她日后听新郎的话。当天行拜堂仪式，新娘身着盛装，黑衣外再穿绣花衫，黑裤外再加绣花脚绑和红绒布做的散条裙，披有流苏围巾，脚穿勾头花鞋。拜堂时，新郎行单脚跪礼，新娘行垂手半屈膝礼。第二天清晨，新娘到水井或溪边挑水，用以泡新娘茶或煮新娘粥，敬奉亲朋的长辈，以示尊老和热爱劳动。

行招赘婚者有两种情况，一是家中只有女孩而没有男孩的，让其中一女招赘，所生子女随母姓，继承香火。二是寡妇招赘。上门男子须改从女方亡夫姓氏，所生子女亦随前夫姓。

中华人民共和国成立后，一切按婚姻法办，结婚礼仪逐渐趋同汉族。改革开放后，外出打工的青年男女，多数在工作地恋爱结婚，传统婚俗被彻底移易。

丧俗 传统土葬的整个丧事过程依次为报丧、入殓、打斋、盖棺、埋葬、烧七等，与相邻汉族习俗相近。村民办丧事，亲戚朋友闻讯后互相通知，前来捐钱赠米或出力。死者年满60岁或以上者为寿，棺木漆红色，棺材头刻上福、寿二字；60岁以下以及自杀和其他意外身故者，棺木漆黑色或保留原木色。出殡时，同姓不同"门楼"的青壮年男子，将棺木用两条长杠托于肩上前行。死者若是德高望重或者八九十岁高寿者，则选择比较平坦的地方，扛棺者后推而前顶，互相"角力"，使棺木在原地打转，并高喊"呜呼"。此时送葬的亲属则跪在山下，要求停止"角力"。这告诉人们，死者是一位年高德劭或家族显赫的人。改革开放以后，"角力"之俗已经废止。出殡路上，不同"门楼"的妇女手提"长明灯"为前导，拉着七八尺长的白布作"渡桥"。此布至墓地后收回。安葬若干年后，若子孙认为不吉利，要开棺拾骨重葬。否则便勒石立碑，成为永久墓地。

21世纪初推行火葬，遗体火化前仍按旧俗，火化后骨灰仍土葬。

生育 婴儿从娘胎出来，首次沐浴，要用生姜和柚树叶熬水，洗去胎秽和邪气。第三盆为净水，水中放入铜钱、银圆或其他金属宝物和秤砣，意思是期望婴儿日后会挣钱营生，有胆识。婴儿出生第三天早晨，要办备猪肉等三牲和鸡、鱼等，到宗祠奉告祖先，祈求保佑平安，称"做三朝"。改革开放后，婴儿出生大部分由经过专业培训的接生员接生，或到医院分娩，将金属、秤砣等放入沐浴水中的不卫生行为被禁止。原先由于婴儿成活率不高，将满月酒延期至周岁，摆"对岁酒"。如今婴儿夭折甚少，故又将"对岁酒"改为满月酒，并将满月酒与婴儿命名同时进行。昔日安名，沿用祖上事先排好的班辈用字，加上姓和本名，称为正名。平日使用的小名，也称乳名，或用出生当年的生肖，如牛、猪、虎、龙等，或按五行所缺补上。今日命名，不论正名、小名，均各随所好，无定规。

民风　壮族自古民风淳朴，古文献累有记载。草标是个物权记号，按功能类分，田、山、鱼、粪等均可用茅草结作记。如田标，田主播种后，在秧畦内或显眼处插一茅草结，人们一看就明白，此田已播种，要管好自家的禽畜，不使它糟蹋庄稼。又如秋冬季节，江河水位下降，若发现某河段有很多鱼聚在水底，而又一时缺乏捕捞工具，只需在该河段显眼处放一个草结便是"鱼标"，其他人便不会去捉。此外还有柴标、粪标等。

3.节日

除夕　即农历年三十晚，全家人坐在一起高高兴兴吃团圆饭。壮族有留"隔年饭"的习俗，晚餐前先留下一些到年初一或年初二吃，寓意"连年有余"。晚饭后即把新衣服拿出来，以便明天一早穿上。大人教小孩，新年不准讲粗言秽语，不准打架，对人要有礼貌，见到长辈要讲吉利话等等。

春节 即年初一，壮族叫"联张"，是一年中最隆重的节日。是日例不吃荤、不扫地，晨曦初现即燃鞭炮迎新岁；出门见人必互相祝贺；小孩见大人要作揖，大人回赠以红包。各家各户开始与亲戚朋友和"同年"、"伙计"拜年，路上行人络绎不绝；舞狮队逐户拜堂，鞭炮声锣鼓声欢呼声混成一片。年初二开始，白天，各种民间娱乐节目舞春牛、采茶舞等纷纷登台；夜晚，装古事、寿星公与龟鹿鹤舞等陆续上演，各自吸引成千上万观众。而男女对唱的"坐歌堂"更是听众云集，通宵达旦。

开耕节 节期为二月初二。民间有"过了二月二，犁头要落地"的农谚。此节例不请客，家家做汤糍或黄糍，由家长披蓑衣，戴竹笠，光脚板，卷裤腿，捧一碗黄糍到门外祷告，以祭田头神。然后返回屋内，全家吃糍。前一年出嫁的女儿，可在此日回娘家取回结婚当日不便带回夫家的诸如生产工具、种子等物件。但例不过夜。

牛王诞 节期为四月初八日，是农耕民族爱牛犒牛并请客宴饮的传统大节。有牛之家，炊五色饭，煮糯米甜酒或薯菜粥以喂牛。有的在牛栏门口插上绿树枝，并燃纸钱香烛，祈求耕牛平安。一些家庭让孱弱小孩抓五色饭到牛栏陪牛吃，祈求小孩他日如牛一样健壮。中午，全家与亲戚朋友聚餐，喝酒吃肉吃饭。

尝新节 也称六月节，是传统大节。节期在六月初的某一天，为了购物方便多选当地的赶集日。人们依例将早熟禾穗折回，做成米饭，连同三牲祭品带到田间祭田头神，壮语叫"拜久那"。同时制作每个重七八斤的超大碱水糯米粽，用于自奉和送给前来过节的客人。

"七月香"节 节期为七月初七日，壮族传统节日。传说这一天天上的银河与人间的溪河汇流，用这些水洗澡能祛病除垢，延年益寿。中午时分，男女青年和年轻妇女到

连山壮族瑶族自治县壮族传统"七月香"节（2000年改称"戏水节"）。采自《广东省志·民族宗教卷》彩页。

河里沐浴梳洗，相信洗后肌肤嫩滑，不生痱子疮疥。老妇人不便下河，让家人挑水回家洗澡。2000年连山壮族瑶族自治县有关部门将七月香节改称"戏水节"。

"古哟咿"节 九月初九为汉族重阳节。壮族不兴此俗，不过在这天入黑时分，在离村不远的空地，将事先用竹竿和稻草搭成的草屋点燃，着火后竹筒爆响，人们欢呼"哟咿"、"哟咿哟"，意思是送火神上天，祝愿人间无火灾。待草屋燃烧完毕，人们摸黑走路，据说是避免把火神带回家，壮语称之为"古哟咿"。

冬至节 把节令冬至作为节日。这天壮家宰猪杀鸭，做成腊肉、腊鸭，富裕人家甚至把整头猪腊起来；同时还酿酒和采蜂蜜，含有贮备过冬物资的意蕴。

4.民间信仰

壮族没有本民族的宗教。多数人信奉道教，认为人死只是形体消失，而灵魂仍在，可以超度。同时有自然崇拜，认为世间万物都有神灵主宰，大的有天神、地神、雷神，次有山神、树神，小的有灶神、床头神等。遇到日月食，认为是天狗行凶，要朝天鸣火药枪或铳炮，驱赶天狗，保护日月。遇山洪暴发水淹街巷，则沿街敲打铜锣或簸箕，祈求水神赶快退水。到深山劳动，为防山神作崇，讲话要用代语，如把米说成"沙"，把开饭说成"捅蜂窝"，把刀说成"青口"，把斧头说成"木棰"等等。中华人民共和国成立后，追赶天狗和到山上劳动用代语等已不复存在，然丧事打斋和求神问卜依然流行。

畲　族

1.文化

畲歌　畲族民歌的简称。凤凰山区潮安县山犁、碗窑等一带畲族，七八十岁的老人至今还会唱。畲歌包括祖源歌、生活歌、劳动歌、爱情歌、风物歌、儿歌等。祖源歌称《高皇歌》，是长篇叙事歌，述说高皇（即槃瓠，也称"盘护"或"龙麒"）出生、揭皇榜、斩番王头为国立功、被招为驸马与公主结婚，繁衍出盘、蓝、雷、钟四姓后裔，以及狩猎遇难的动人故事，堪称畲族史诗。其余生活歌的《唱畲歌》，劳动歌的《摘茶》，爱情歌的《连郎歌》等是其代表。歌词多七字一句，四句一阕，一首多阕；阕与阕之间通常押韵，还有叠句和尾驳尾。内容多有感而发，即兴而歌；手法多用比喻、双关、含蓄。由于畲汉杂居，畲歌深受汉语客家方言和潮汕方言影响，具有明显的地域性。

文物　畲族民间文物有"图腾画卷"、

畲族民间珍藏图腾画卷（原称祖图）的一个画面。采
自《广东省志·少数民族志》彩页。

潮州市湘桥区意溪镇雷厝山畲族祖图（今称图腾画
卷）长卷（陈晓毅摄）

"子孙袋"和族谱三种。

图腾画卷是将始祖槃瓠故事分成若干段，绘在白绫或白纸上，做成连环画式长轴画卷，称"祖图"或"太公图"。其长度12至15米不等，宽约半米。畲族视之为至宝，妥为收藏，只在大年初一才挂出老屋厅中，供族人祭拜，第二天一早便收起来，不轻易给外人看。目前广东共存八帧，其绘制年代多在清朝中后叶，有确切年份的仅潮安县山犁村所藏一帧，落款书"清道光二十一年"。

子孙袋是在凤凰山区潮安一带的族人将五谷之类装进口袋，并将其挂在宗祠正厅梁上，祈求子孙兴旺和四季平安，故称为"子孙袋"。畲民视之为圣物，不敢触摸，更不敢开视。

族谱，又称"开山公据"。按内容和编修时间可分两类，一类是罗浮、莲花二山一带的宋代古谱，即增城区正果镇畲族所藏的《盘、蓝、雷氏族谱》和惠东县多祝乡畲族的《盆、盘、蓝、雷、李、栏族谱》，共两本。两本谱书都是多姓氏合编，且都有"导言"和包括槃瓠的光辉业绩、子女姓氏、谱系以及入粤路线等内容。另一类是凤凰山以及大庾山、九连山和其他畲区发现的清代后期修的近代族谱。这类族谱数量较多，且都是单一姓氏修，内容多是祖先来源及近现代世系。除丰顺凤坪蓝氏《汝南堂长房族谱》

外，其"导言"都无盘瓠传说。

2.风俗

服饰 畲族历史上的服装均以青、蓝色土布为衣料。男子着对襟、布钮或铜钮唐装衫，下穿宽大高裤头的唐装裤。妇女衫长过膝，大襟无领，以不同颜色的布条缀边为饰；裤脚宽阔，着船形绣花鞋；髻插发簪，耳坠银环，手戴银或玉手镯，头上铺正方形绣花帕巾，帕边有丝绒流苏。中华人民共和国成立后，男女衣服装饰逐渐与汉族趋同。

居住 畲族历史上经常迁徙，房屋多用竹木茅草搭建，称为"寮"。中华人民共和国成立后，畲族均已定居，尤其是改革开放后，居住条件大有改善，其住房与相邻的汉族差不多。丰顺的凤坪和潮安的石鼓坪、山犁一带已改成泥砖石头混砌房或砖瓦房。而罗浮山增城区正果镇畲族村，莲花山深处的海丰鹅埠镇红萝畲族村和惠东陈湖移民新村已于世纪之交前后落成。那里的畲民已住上钢筋混凝土楼房。

饮食 畲族与瑶族一样，以耕山为主，多种玉米、薯芋等杂粮。有少量水田插植水稻，但耕作粗放，产量不高。传统饮食一日三餐，因大米不足，以薯芋、玉米等杂粮补充。俗惯以野生植物染米做"五色饭"。凤凰山区海拔较高，适宜茶树生长，当地畲民以种茶为主，所产单枞、水仙、蜜兰等名贵茶种闻名于世。他们亦以嗜茶著称。

婚俗 畲族历史上的婚俗，与相邻汉族大体相似。缔结婚姻讲究"父母之命，媒妁之言"，除迎娶日新郎不亲迎外，其余与汉族相同。迎娶日，男家派至亲男子与媒人一道徒步到女家接新娘，女家则派出兄弟或舅父以及姐妹送嫁。新娘穿着朴素，与接亲和送嫁队伍一起步行至男家。新娘进村时，全村老少皆来祝贺，唯新家姑回避。新娘进入男家后，由新郎领至祠堂拜祖公，然后夫妻对拜。拜堂时，新郎跪拜，新娘只作揖不跪。传说是昔日三公主与槃瓠成亲时因身份尊贵不跪而成此俗。傍晚男家宴请宾客。宴毕，新郎新娘进入洞房。村中青年男女齐闹洞房，对唱畲歌至深夜。翌日上午，新郎陪新娘与家人见面，斟茶、磕头，行见面礼。七天后，新郎陪新娘回娘家，俗称"回门"。新娘在娘家住七天后返回夫家，婚礼结束。

除大行嫁外，家境清贫者盛行童养媳，省去聘金和婚礼花销。

凤凰、莲花二山有招赘之俗。入赘男子不论族别均须改从女方姓氏。为避同姓结婚之嫌，女子则改从男子姓氏。婚礼一切从简。

少数青年以歌为媒自定终身的，仍须各

自归告双亲。然后男方须请媒人居中办理婚姻成立之"六礼"。

中华人民共和国成立后，尤其是改革开放后，各地结婚礼俗逐渐与汉族趋同。

丧俗 图腾画卷有关于祖先槃瓠丧礼的形象记载。此丧俗一直沿袭至今。畲族相信人死后有灵魂。子孙要为去世的父母披麻戴孝，买棺木盛殓，做法事超度，落葬后修坟，然后"做七"、谢灵等，使死者的灵魂得到安息。遗体安葬后，若家中一切平安，就让它成永久大葬。但若家人病痛不断或出现意外事故，被认为墓地风水不好，须择日开棺捡骨，择地重葬，称为"小葬"。

中华人民共和国成立后，21世纪初开始推行火葬，遗体火化后骨灰仍土葬。

命名制 畲族历史上也有自己的命名制度，与排瑶和过山瑶的命名制相类。首先是以"大、小、百、千、万"或"大、小、百、千、万、念"等为辈分字，周而复始。以姓氏、辈分字加上家中或家族中的排行构成正名，如蓝大二十三、雷千五等。其次，和排瑶、过山瑶一样，男子有郎名，其妻子相应称"娘"。上述蓝大二十三，其法名就是蓝大二十三郎。这种命名制约流行于明朝中叶至清朝康熙年间，乾隆之后逐渐废止。今日畲族的命名方式与汉族基本相同。

3.节日

春节 其节期从腊月二十五至来年正月二十。大年初一一早，祭祀祖先槃瓠。全村族人齐集老屋厅堂，族长将珍藏图腾画卷挂于厅中，摆上三牲酒饭，点燃香烛，率族人先向太公槃瓠顶礼膜拜。

迎神节 正月初四、初五是凤凰山区潮安、丰顺两县畲民的迎神节。各户备三牲、香烛等物到祠堂，迎请三山国王、感恩大帝等神，许愿祈福。若愿得偿，就在岁末酬谢诸神，俗称"还愿"。

猎神节 畲族普遍供奉猎神。九连山一带以节令春分为猎神节。当日族长带领全体男丁，备三牲、香烛前往猎神坛拜祭，并朗读祭文。罗浮、莲花、凤凰三山一带没有固定的节期，只在出猎前拜祭。

"篮大将"诞辰 传说篮大将是槃瓠与三公主所生的次子，出生时被放在篮里，赐姓篮（后改蓝），名光辉，官封护国大将军，故称"篮大将"。其诞期，各地不尽一致，九连山一带为四月初九。每届诞期，必抬着篮大将神牌到有关村寨巡游，俗称抬"篮大将"。

神农诞 节期为十月十五，亦称五谷母诞。各家用米粉做成鸡、鸭、鹅等形状的粿品，染上红色，拜祭神农，以兆丰年。

"招兵"节 是粤东畲族独有的传统节

东源、和平、连平等县畲族以四月初九为畲族节（2000 年）。采自《广东省志·民族宗教卷》彩页。

日。它是集祖先崇拜、图腾崇拜和道教法事于一体的大型群众性活动，一般在腊月二十四日前举行。"招兵"为其主要内容。相传当年槃瓠渡海前往番邦取番王头，被番兵追赶，正在危难之际，得神兵六丁六甲相助，大获全胜。为纪念祖先并感谢那些天兵天将，每隔三到五年举行一次"招兵"活动，向他们献祭。"招兵"的仪式十分复杂，有请神、上表、安井、谢灶、推龙、谢土、请兵、安营、大谢、赏兵、祭符和散兵等科仪，时间为三天三夜。

"招兵"在宗祠进行。在祠堂外面的临时舞台上张贴与"招兵"有关的对联，旁边竖起一杆大龙旗，舞台周围插着各色旗幡。仪式从请神开始，先请玉皇大帝等道教诸神，继请始

潮安县文祠镇李工坑畲族于冬闲日举行"招兵"节（1997年）。采自《改革开放30年广东民族工作》彩页。

祖槃瓠和历代祖先，以及各村供奉的神明。拜神祭祖后，进入法事高潮"招兵"。所招兵马有东西南北中五方营兵，以及左天右地和本坛、本地福主共九路神兵。各家主妇挑着稻谷、大米以及食盐、酒肉等兵粮。各营兵马驻扎祠中，镇守宅院，保村寨家宅平安。

"招兵"节期间，各家亲友以及周邻村寨长者均前来道贺，观礼者如潮。祠堂外，锣鼓声、鞭炮声、歌声、欢呼声混成一片，热闹异常。

中华人民共和国成立后，"招兵"节已日趋淡化，仅潮安凤凰山李工坑畲族于1993年和1997年举办过两次。

4.民间信仰

祖先崇拜　包括盘瓠崇拜及图腾画卷崇

拜。各地对槃瓠的称呼不一，凤凰山丰顺称槃瓠，而潮州湘桥区称太公或驸王；罗浮山区增城、博罗一带称盘大护、盘古大王；九连山区连平等县称龙犬等。崇拜物有图腾画卷和祖杖。

道教神灵崇拜　道教神灵有玉皇大帝、元始天尊、道德天尊、灵宝天尊及太上老君等。当地师公保存有道教的经书、文表等，以及与道教有关的如三清挂像、太上老君印、龙角等法器。

回　族

1.风俗

服饰　回族历史上有独特的民族服饰。在回族内部，宗教职业者阿訇的服饰与一般群众有别。平时阿訇多戴无沿的礼拜帽，身穿便服，但入寺主持聚礼和重大宗教活动时，要穿一件上小下大圆的近似半开胸的长袍，并在礼帽上再缠一条称为"卡斯打"的头巾。一般回民则穿便服，颜色多为白色或素色。男子着对襟唐装或长衫，衣袖裤腿宽阔。妇女多着大襟衫或旗袍。老年妇女束发髻，戴包头，参加宗教仪式时，披头巾或盖头，将头发包严。男子的白礼帽一般用白布缝制，广州夏天炎热，改用草来编织，通风透气，人多乐用。"文化大革命"期间，男性白帽、女性盖头逐渐消失。打倒"四人帮"之后，拨乱反正，广东回族遂回归戴白礼帽、披盖头的传统。但也有受国外穆斯林影响的，男不戴礼帽，夏天穿短袖衫，衣着较为随意。一般来说，年轻人较为开放，老年人较注意民族特色，但亦仅限于宗教活动及节日，平时穿戴民族服饰的人已不多见。

饮食 依照《古兰经》，族人被禁止喝酒，并忌吃猪肉、凶禽猛兽、自死动物和屠宰动物的血液，以及一切未诵真主之名而屠宰的动物。水中动物除形状怪异者外均可食用。陆地动物须是蹄分两瓣且反刍的方可食用。所吃肉类主要是牛、羊、鸡、鸭和鱼类。食品制作长期借鉴粤菜做法，以粤菜为主，已形成有特色的菜谱，如广州回民的鸡肉干蒸、牛肉肠粉、清真牛杂煲和肇庆回民的烤鸭、烧鹅等。

婚俗 回族传统的婚姻也讲究媒人、订婚、送聘礼等程序。婚礼较为简约，举行一定的宗教仪式，请阿訇念俗称喜经的"女卡"。新郎头戴礼拜帽，新娘披头巾，面对阿訇并排坐着。阿訇首先问双方监护人和新郎、新娘双方是否愿意，得到肯定答复后，再问新郎给新娘多少"女卡银"（聘礼）。新郎说出数目，事后一定要兑现。礼金不拘多少，仅是一种象征性信誉，表示吉利的意思。接着阿訇念一段《古兰经》，表示祝贺与祝福。然后，新郎在膝上铺一块红绸，接过阿訇抛来的糖果、花生等，立即分给围观的小孩，婚礼结束。结婚仪式原本在女家举行，但由于城市交通不便，以及住房狭窄，便逐渐改在清真寺举行。当天傍晚，男家在家中或到酒家宴请女方父母以及双方亲友，共同祝愿一对新人幸福美满。

中华人民共和国成立后，男女青年自由恋爱，征得父母同意后，便到民政部门登记领取结婚证书。除了请阿訇举行一定的宗教仪式外，婚姻成立的其他程序多已省略。

丧俗 回族称人去世为"归真"。人归真后，遗体被迅速送往清真寺，当夜丧家在清真寺守夜，众亲友前往清真寺慰问家属并吊唁；遗体停放在家者，亲友前来吊唁慰问并守夜。第二天出殡。按照伊斯兰教教义，下葬前由"四师傅"用清水将遗体淋浴三次，称为"洗美衣"。浴后用白布将遗体包裹，放入公用棺材"塔保架"内，上面覆盖经文或有星月图案的蓝布，并将"塔保架"移至厅堂或大殿前。由阿訇主持，丧家亲属及其亲友排列在"塔保架"前，向死者行告别礼，祈求真主安拉饶恕逝者生前的罪过。仪式结束后，将遗体抬或运至回族坟场安葬。下葬时，用吊带将尸体从"塔保架"吊起直接放入墓穴，俗禁用物品陪葬。随后阿訇念诵"落土经"，掩土成坟。最后大家一起祈祷，葬礼结束。"塔保架"仍运回清真寺存放。

为答谢帮忙治丧的亲友，在死者安葬当天、第七天（"头七"）和第四十天，丧家要给至亲及治丧人赠送教门"香油"（面粉制炸食品）。家境富裕者还要请阿訇"开经"或上坟做"睹阿"，以悼念先人。

生育与命名　历史上由于种种原因，回族人口增长缓慢，逐渐形成鼓励生育的风气，致家庭孩子众多。20世纪70年代初，国家实行计划生育，广东回族拥护国家生育政策，控制人口增长。

回民传统每人有两个名字，一个是经名（教名），一个是汉式姓名。依教义，婴儿出生第三天或第七天，要请教长或阿訇为婴儿举行命名仪式，择取伊斯兰教众先知、圣人和贤哲的名字作为初生婴儿的名字。男孩用"优素福"、"穆罕默德"，女孩用"阿伊莎"、"赛里买"等。此是经名，表示他（她）已皈于伊斯兰教。经名一般作为乳名，在家庭内部多用简称，如穆罕默德简称"阿德"，阿伊莎简称"阿莎"等。由于回族通用汉语，入学后又取汉式姓名。一般情况下，回族多用汉式姓名，但在某些特殊场合，则将经名加在汉名之前，经名、汉名合一使用，如穆罕默德·马红亮、玛丽娅·杨云等。

依《古兰经》，男孩年幼时要举行"割礼"，即将生殖器过长的包皮割去，以保持该器官清洁。此仪式在清真寺内由阿訇主持。中华人民共和国成立后，遵从这一圣行的人已经不多。

禁忌 伊斯兰教在语言、饮食、服饰等方面都有禁忌。

语言禁忌，忌谈猪以及与猪有关的事物，尤其忌用猪来骂人；对与死亡有关的词，都要借用阿拉伯语和波斯语来表示，如说人去世，要说人"毛提"或"归真"。彼此见面，要说"赛俩目"（阿拉伯语），否则会被视为没礼貌。听到别人打喷嚏念赞主词时要回应等。

饮食禁忌，除上述食物禁忌外，忌用左手吃饭，不能狼吞虎咽。接待客人要热情，照顾客人先吃。吃完大蒜要刷牙等。

穿着禁忌，妇女不得袒胸露背或穿比较暴露的衣服。男子衣服必须整洁，上不露脐，下过膝盖。忌穿有人物或动物图案衣服入清真寺。

2.节日

回族信奉伊斯兰教，其节日均与该教有关。

　　开斋节　回历九月是伊斯兰教徒斋戒月。每天从破晓至日落前，禁止饮食和房事，称为"封斋"。斋戒期满，十月初一开斋，称为"开斋节"。当日，回族穆斯林身穿节日盛装，头戴礼拜帽，前往清真寺，听阿訇讲经布道，互祝节日吉庆。之后前往公共坟场游坟，悼念先人。每家都做"香油"，招待来访客人或馈赠亲友。

　　古尔邦节　古尔邦系阿拉伯语的音译，意为"牺牲"、"献牲"，故又称"宰牲节"或"忠孝节"。回历十二月上旬为教徒宗教课，是前往伊斯兰教圣地麦加朝觐的日期。在最后一天即十二月初十，以屠宰牛、羊、骆驼聚餐庆贺。此俗源于阿拉伯一个古老民间传说。说的是先知伊卜拉欣夜里梦见"安拉"，要他杀自己的儿子伊斯玛仪献祭，以考验他的忠诚。但当他的儿子唯命俯首时，安拉又派特使送来一只羊替代他儿子，从此便有了宰羊献祭的习俗，后逐渐演变成节日。

　　圣纪节　阿拉伯语称"冒路德节"。回历十一年三月十二日（632年6月8日）为穆罕默德的忌日，而中国穆斯林根据传统也将此日作为他的诞期，把生辰和忌日合并纪念。每年这一天，回族穆斯林到清真寺参加纪念活动，听阿訇讲经赞圣，并讲述穆圣的生平事迹，以缅怀他的功德，教育后代。

大人忌 "大人"是广州回民对最早把伊斯兰教传入中国的传教士赛义德·宛葛素的尊称。传说他在广州归真，葬于市内桂花岗，称先贤古墓。回历十一月二十七日是他的忌日。这一天，回民穆斯林要聚集到先贤古墓，听阿訇诵经赞圣，讲述先贤事迹。

圣女忌 回历六月十五是穆罕默德圣人的女儿法吐玛归真的日子。每年这一天，回民穆斯林要聚集怀圣寺，由阿訇主持祈祷，诵经赞圣，缅怀圣女的功绩。

3.宗教信仰

回族是信仰伊斯兰教的民族之一。广东回族具有深厚的信仰基础，通过经堂教育和家传口授，延续伊斯兰文化，恪守伊斯兰教的六大信仰和天命五功。遵守教规参与开斋节、古尔邦节、圣纪节、大人忌、圣女忌和开经以及为亡者守夜等宗教活动，均以中老年人居多。家有灾难，忌请民间风水先生念经作法和求神拜佛。

广东省和广州市政府尊重回族的宗教信仰，从1984年起，连续下发三个有关信仰伊斯兰教的少数民族干部、职工享受伊斯兰教的节日假期和在各级学校开设清真食堂或清真灶的文件。

满 族

1.姓氏

满族的姓氏文化颇富特色。族内有两套姓氏，即传统姓氏（俗称"老姓"）和现行姓氏。两者之间有一个转用过程。老姓系由满语读音汉译而成，由两个或多个汉字组成。得姓由来，或以原居住地的山川为姓，或以原始部落的称号或图腾名称为姓，或以父名为己姓（俗称"随名姓"）、皇帝赐姓，以及因迁徙或分居而改姓等等。姓氏总数将近七百个。满族虽然有姓，但习惯只写名不书姓。清皇族姓爱新觉罗氏，但从努尔哈赤到康熙玄烨都只写名字。随着满汉文化的交流和满语逐渐转用汉语，族人感到多字组成的老姓不仅书写不便，而且与多为单字的汉姓不同。1911年辛亥革命后，广州满族使用老姓的人越来越少，转而模仿汉族的单字姓氏。转用姓氏的方法或规则，一是选用原姓氏的第一个字，若这个字汉姓中没有，那就选与汉姓音近的字，如郭洛罗，用"郭"；那拉，用"那"；鄂佳，用"鄂"。瓜尔佳，汉姓无"瓜"姓，则用与"瓜"字音近的"关"字。二是以原姓氏的汉文意思为姓。如钮祜禄，意为狼，但"狼"字不雅，故改用同音字"郎"；又爱新觉罗，意为金，故为"金"姓。三是随意选一个汉字。如他纳刺选"唐"字，那木都鲁选"南"字等等。后来，转用的一些姓氏如鄂、佟、那等，在汉姓中罕见或不见，于是又将这些转用的姓氏进一步改换成与汉姓中常见的或音近的字，如将"鄂"换成"岳"，或"陈"等；将"那"换成"罗"、"何"，"佟"换成"童"等等。民国期间以及中华人民共和国成立后，族际通婚日渐增多。满族女子与汉族男子结婚的，婚后所生子女，姓氏按传统习惯随父方，而民族成分则随母方，故满族的姓氏变得越来越多。

2.风俗

服饰 广州满族传统服饰颇具特色。老年男子喜欢穿长衫，里面着白色对襟衬衫，束裤腿。青少年男子亦以长衫为主，外套一件"嵌心儿"（背心），头戴卜帽，脚穿双梁鞋。又有一种骑射服，上衣扎袖口，对襟，密纽扣；下衣是索带裤，束裤腿，便于练武。女子以旗袍为主。旗袍属连衣裙类，长及脚面，袖口阔大，领与袖口均镶有与袍身布料颜色不同的滚边。其颜色，老年或孀妇多用素淡色；未婚女子和少妇则用色彩鲜艳的布料。不论老少，均穿白色袜套。

1911年之后，传统服饰发生变化。男子着装逐渐仿效汉族，现在除部分老人外，服饰与汉族基本相同。女子的旗袍，民国之后不断改进，变得大方典雅，能较好地表现出女性的自然美，已成为国内流行时尚服饰之一。今日广州满族女性的穿着已与汉族基本相同。

头饰　女性传统头饰，未婚与已婚明显有别。未婚少女长发，正中分界两边拨开，插双口钿钗。已婚少妇将头发向后梳成髻，插单口钿钗。女性必穿耳，两耳各戴三个大耳圈，中间耳圈戴耳坠。少女的耳坠是千层花，少妇的则是单层花。中华人民共和国成立后，尤其是改革开放后，女性头饰逐渐与汉族趋同，已婚与未婚区别不明显。

礼仪　满族传统的礼仪，视性别、辈分、长幼、场合而各不相同。日常社交礼仪有叩头、打千、作揖、鞑子礼四种。叩头是一种较为隆重的跪拜礼，是男性卑辈对至亲长辈和老师等，在隆重或严肃场合如辞岁、结婚、拜师等使用。

打千，即跪半膝，属请安礼。是男性对普通长辈所使用的礼节。官场中下级对上级也行打千礼。

作揖，即双手抱拳置于胸前，仅男性使用。是同辈亲朋见面或告别时互相使用的礼仪。

鞑子礼，即扣鞑子头，是妇女对长辈的专用礼节，俗称道万福。新媳妇到长房拜

"祖宗袋"以及祖宗或神佛，用轵子礼；在丧事中，女性向亲朋答谢时，也扣轵子头。

中华人民共和国成立后，上述礼仪已逐渐移易。时下见面，不论男女尊卑，不分民族，均与汉族一样，行握手礼。

婚俗 传统婚姻由父母包办。其婚姻成立的"六礼"，除新郎不亲迎和晚间迎娶外，与汉族大致相同。

婚礼第三天为迎娶日。男家备好彩轿及仪仗队到女家迎娶新娘。新郎不亲迎。新娘上轿前，请"好命婆"梳头换装；将头发梳成数股，盘在头上；身穿红色旗袍，外披红棉袄（不论寒暑）；脚蹬红头绿尾中间绣有海棠花的"踩堂鞋"；胸戴护心镜，并用红巾盖头。登轿时，必由父或兄背负，亲属在旁打伞，使不露天。花轿多在夜间子、丑、寅三个时辰起行。仪仗队跟在花轿后面，沿途一路吹打，并燃放鞭炮。新娘的父母和亲朋都扶着花轿的轿杠，一直送到男家。花轿直接抬入屋内。若门太小，无法进入，则把花轿紧贴门口，按坐北向南的方向放下，由男方"娶亲太太"和"迎亲太太"一左一右在花轿两旁侍候。轿门打开后，新娘伸出双手，接过分别由上述两位"太太"递过来的一包金和一包银，然后由两位"太太"搀扶下轿，跨过置于地上的马鞍，拜过米斗和一弓三箭后，跨过红毡进入新房。新郎用木尺挑起新娘的红盖头，进行"金杯换玉盏"和"抢被窝"等仪式后，新婚夫妇共吃一个大饺子里包着12个小饺子的"子孙饽饽"。晚上，延入洞房。当晚，男女主家分别备制酸辣面，款待前来参加婚礼的亲友。

第四天上午，新郎新娘穿结婚礼服拜堂。下午，新娘父母来认亲，瞧新娘。最后，嫂子、阿婶来瞧新娘卸妆。新娘卸妆后，由嫂子或婶娘领着步出客厅，摆饼食招呼亲友。当晚三更，新娘回娘家，称为"回门"。天亮之前返回夫家。至此婚礼结束。

辛亥革命后，迎亲仪仗队逐渐省去，并将迎亲时间由夜间改在白天。今结婚礼俗与汉族略同。

丧俗 传统丧礼颇富特色。家中老人去世，先将其遗体从房间抬出，横放于大厅之中，其右侧向外。子孙替其穿寿衣，俗称"装古"。无买水沐尸之俗。入殓时，孝子孝孙剪些许头发放入棺中。出殡前，孝子跪在棺材头前，将烧纸钱的灰盆摔烂，称为"摔丧盆"。出殡时，以棺材头先行，孝子穿孝服戴孝帽紧跟其后。送殡队伍抵达城郊便与棺材告别，称为"辞灵"。棺材由孝子和至亲家属送至坟地安葬，并在公共神楼上安一"神"字（不在家中立神位），无"回灵"仪式。传统遗体土葬，在广州市郊辟有广州满族坟场。中华人民共和国成立后，于21世纪初推行火化，但仍保留骨灰土葬之俗。

讨孝　此俗为他族所不见。已婚女子娘家有丧事，须得到公婆同意方可奔丧。倘若恰巧丈夫出门在外，即使是父母去世，也不能回娘家奔丧。已订婚而未过门者亦须得到未来公婆的同意，方能戴孝。此即所谓"讨孝"。中华人民共和国成立后，"讨孝"一俗已废止。

3.节日

春节　是满族的大节日。节期为当年的除夕至新年的初二。传统除夕夜在家祭祖。吃过团年饭后，各房子孙集中到长房子孙家，集体向正厅西面的"祖宗袋"叩拜，然后向长辈辞岁。另外，除夕夜一定要包饽饽，以作为春节期间的食品。当过节的各项事宜做好后，即将刀、井封存，连清洁工具扫帚、簸箕也要藏好，直到年初二才启封。按传统习俗，大年初一须早起，以讨个寓意勤快、健康的好兆头。洗漱后，晚辈双膝跪地向长辈献苹果，并道"新禧"。长辈扶起晚辈后，也回答"新禧"。当日，不动刀、砧板，全天吃饽饽。

阿婆诞　满族惯在已婚夫妇的大床底下设个"床头婆"，称"婆太"，主生育，正月十七是床头婆的诞期。当晚，已婚妇女用五色纸粘成"阿婆灯"加以拜祭。而婚后多年仍未生育的妇女，当晚悄悄地到今越秀区惠福路五仙观的竹林拿一块石头放到床头婆旁边，祈求生育。

添仓节　节期为正月二十五。当日，以高粱米煮饭盛于盆内，然后放进粮仓中。三日后再添新高粱饭于盆内，故叫"添仓"。有的还用禾秆做成马或锄头模型，置于高粱饭上，祈求神灵保佑五谷丰登。

清明节　以节令清明为节期。这天各家都在大门的一侧或上方插柳枝，称清明柳，以示对祖先的怀念。传统于次日及重阳节祭祖，称春秋二祭。清明节前夜，各姓男丁身穿节日盛装前往宗祠，按辈分排列。祭祀仪式于清明日凌晨开始，由祠长主持，领众人叩头、进香、放鞭炮，然后在宗祠天阶杀猪。猪肉按男丁每人一份，称为胙肉。

端午节　节期为五月初五，家家在大门边插艾蒿，人人佩挂装有雄黄末的荷包。用竹叶裹糯米为粽子，并赛龙舟，以纪念屈原。此外，还有"踏露"之俗。当日凌晨，人们三五成群到郊外，用露水洗手，并喝溪水，据说可防眼疾和肚子疼。

中秋节　节期为八月十五。有拜月光、吃月饼之俗。拜月时，必有一盘带皮煮熟的芋头仔。同时，还有一个用篾扎用色纸糊成的月光模型，拜月后把它烧掉。

重阳节 节期为九月初九。当日先到宗祠祭祖，然后登高，上坟扫墓。

腊八节 节期为十二月初八。该节主要是吃腊八粥。吃之前，将煮熟的红枣、莲子、胡桃仁、杏仁、栗子、花生仁、瓜子仁和山楂糕条置于粥之上，以敬果树之神。关于腊八粥的由来有两种说法，一说与佛教有关。腊八是佛祖成道日。一说与驻粤满洲八旗兵的钱粮制有关。传说清朝咸丰同治年间，腊月初九是发放春节钱粮津贴的日子。八旗兵丁怕领不到，提早于初八日晚上排队轮候。由于深夜寒冷饥饿，兵丁便以大米和豆类熬粥充饥，相沿成此俗。

中华人民共和国成立后，除春节、清明、端午、中秋和重阳等节外，其余节日已逐渐不兴行或仪式简化了。

4.民间信仰

满族的民间信仰主要是祖先崇拜和观音崇拜。

祖先崇拜 表现在祖宗袋和宗祠。前者是广州满族独有的纪念祖先的文物。该袋用红色或黄色布制成，内装祖先南来驻粤时所带的物品或遗物，如桌布、匙羹、筷子、谷粒、弓箭模型等，故称"祖宗袋"。例由长房子孙保管，挂在客厅的西边墙上。族人视之为圣物，不得随便观看，对外更是秘而不宣。只在每年除夕辞岁时，族人才到长房子孙家集体向祖宗袋叩拜，以示对祖宗的纪念。"文化大革命"期间，祖宗袋被视为"四旧"而加以破除。现存的数目不多。辞岁时不再叩拜，仅作为与"落广祖"有关的文物而长期保存。

宗祠　满族唯广州满族设有宗祠。但与汉族宗祠仅为一姓所专属不同，广州满族宗祠是以旗为单位建造的，多姓合祀，故宗祠有八间。辛亥革命后，各宗祠多为该旗子弟居住。至1949年末，满族宗祠仅存镶红旗、正红旗和正黄旗三间。其中镶红旗宗祠已于1946年作为广州满族私立国光小学的校舍。中华人民共和国成立后，广州满族将该小学献给广州市人民政府，改名广州市满族小学。其余两间先后被拆除改建。满族祠堂现已无存。

观音崇拜　满族原信奉萨满教，认为万物有灵，不仅对天地顶礼膜拜，而且把与日常生活有关的动植物也视为神。清王朝建立之后，深受汉文化的影响，逐渐转为信奉观音、关帝和玉帝等神祇。广州满族"落广祖"到广州后，主要崇拜观音。相传清初尚可喜平广东时带来观音像一尊，后在广州西濠街（今海珠中路）与大市街（今惠福西路）交界处构建一楼加以供奉，俗称观音楼。族人笃信观音，称之为观音娘娘。故族人有禁狗之俗，不打狗、杀狗，不吃狗肉。1935年，将观音楼由砖木结构改为钢筋混凝土结构，并易名为"妙吉祥室"。"妙吉祥"是族称满洲的汉语意译，妙吉祥室即满族室。

《岭南文化知识书系》已出书目

书　名	作　者	出版时间	定　价
1.禅宗六祖慧能	胡巧利	2004 年 10 月	10.00
2.广东塔话	陈泽泓	2004 年 10 月	10.00
3.明代大儒陈白沙	曹太乙	2004 年 10 月	10.00
4.南越国	黄淼章	2004 年 10 月	10.00
5.广州中山纪念堂	卢洁峰	2004 年 10 月	10.00
6.巾帼英雄冼夫人	钟万全	2004 年 11 月	10.00
7.岭南书法	朱万章	2004 年 12 月	10.00
8.西关风情	梁基永	2004 年 12 月	10.00
9.十三行	中　荔	2004 年 12 月	10.00
10.孙中山	李吉奎	2004 年 12 月	10.00
11.梁启超	刘炎生	2004 年 12 月	10.00
12.粤剧	龚伯洪	2004 年 12 月	10.00
13.梁廷枏	王金锋	2005 年 1 月	10.00
14.开平碉楼	张国雄	2005 年 1 月	10.00
15.佛山秋色艺术	余婉韶	2005 年 3 月	10.00
16.潮州木雕	杨坚平	2005 年 3 月	10.00
17.粤剧大师马师曾	吴炯坚、吴卓筠	2005 年 3 月	10.00
18.清官陈瑸	吴茂信	2005 年 3 月	10.00
19.北伐名将邓演达	杨资元、冯永宁	2005 年 4 月	10.00
20.黄埔军校	李　明	2005 年 4 月	13.00
21.龙母祖庙与龙母传说	欧清煜	2005 年 4 月	10.00
22.岭南近代著名建筑师	彭长歆	2005 年 4 月	10.00
23.潮州开元寺	达　亮	2005 年 8 月	10.00

（续表）

书　名	作　者	出版时间	定　价
24.光孝寺	胡巧利	2005 年 9 月	10.00
25.中国电影先驱蔡楚生	蔡洪声	2005 年 9 月	10.00
26.抗日名将蔡廷锴	贺　朗	2005 年 9 月	10.00
27.南海神庙	黄淼章	2005 年 9 月	10.00
28.话说岭南	曾牧野等	2005 年 10 月	10.00
29.历史文化名城平海	张伟海、薛昌青	2005 年 10 月	10.00
30.晚清名臣张荫桓	李吉奎	2005 年 10 月	10.00
31.五层楼下	李公明	2005 年 10 月	10.00
32.龙舟歌	陈勇新	2005 年 10 月	10.00
33.潮剧	陈历明	2005 年 10 月	10.00
34.客家	董　励	2005 年 10 月	10.00
35.开平立园	张健人、黄继烨	2005 年 11 月	10.00
36.潮绣抽纱	杨坚平	2005 年 11 月	10.00
37.粤乐	黎　田	2005 年 11 月	10.00
38.枫溪陶瓷	丘陶亮	2005 年 11 月	10.00
39.岭南水乡	朱光文	2005 年 11 月	10.00
40.岭南名儒朱九江	朱杰民	2005 年 12 月	10.00
41.冼夫人文化	吴兆奇、李爵勋	2005 年 12 月	10.00
42.潮汕茶话	郭马风	2006 年 1 月	10.00
43.陈家祠	黄淼章	2006 年 1 月	12.00
44.黄花岗	卢洁峰	2006 年 1 月	13.00
45.潮汕文化	陈泽泓	2006 年 3 月	10.00
46.广州越秀古书院	黄泳添、陈明	2006 年 3 月	10.00
47.清初岭南三大家	端木桥	2006 年 3 月	10.00
48.韩文公祠与韩山书院	黄　挺	2006 年 3 月	10.00
49.陈济棠	肖自力、陈芳	2006 年 3 月	10.00

（续表）

书 名	作 者	出版时间	定 价
50.小说名家吴趼人	任百强	2006 年 4 月	10.00
51.广东古代海港	张伟湘、薛昌青	2006 年 4 月	10.00
52.粤剧大师薛觉先	吴庭璋	2006 年 7 月	10.00
53.英石	赖展将	2006 年 7 月	10.00
54.潮汕建筑石雕艺术	李绪洪	2006 年 9 月	10.00
55.叶挺	卢权、禤倩红	2006 年 9 月	10.00
56.盘王歌	李筱文	2006 年 9 月	10.00
57.历史文化名城新会	吴瑞群、张伟海	2006 年 9 月	10.00
58.石湾公仔	刘孟涵	2006 年 10 月	10.00
59.粤曲名伶小明星	黎 田	2006 年 11 月	10.00
60.袁崇焕	张朝发	2006 年 11 月	10.00
61.马思聪	陈夏、鲁大铮	2006 年 12 月	12.00
62.潮汕先民探源	陈训先	2006 年 12 月	12.00
63.五仙传说	广州市越秀区文联	2006 年 12 月	12.00
64.历史文化名城雷州	余 石	2006 年 12 月	12.00
65.雷州石狗	陈志坚	2006 年 12 月	12.00
66.岭南文化古都封开	梁志强、朱英中、薛昌青	2006 年 12 月	14.00
67.始兴围楼	廖晋雄	2007 年 1 月	12.00
68.海外潮人	陈 骅	2007 年 1 月	12.00
69.镇海楼	李穗梅	2007 年 1 月	12.00
70.潮汕三山国王崇拜	贝闻喜	2007 年 1 月	12.00
71.广东绘画	朱万章	2007 年 5 月	12.00
72.潮州歌册	吴奎信	2007 年 6 月	12.00
73.海幢寺	林剑纶、李仲伟	2007 年 6 月	12.00
74.黄埔沧桑	龙莆尧	2007 年 7 月	12.00
75.粤北采茶戏	范炎兴	2007 年 7 月	12.00

(续表)

书　名	作　者	出版时间	定　价
76.广东客家山歌	莫日芬	2007 年 7 月	12.00
77.孙中山大元帅府	李穗梅	2007 年 8 月	12.00
78.梁园	王建玲	2007 年 8 月	12.00
79.康有为（南粤先贤）	赵立人	2007 年 8 月	12.00
80.韩愈（南粤先贤）	洪流	2007 年 9 月	12.00
81.广州起义	黄穗生	2007 年 9 月	12.00
82.中共"三大"	杨苗丽	2007 年 9 月	12.00
83.羊城旧事	杨万翔	2007 年 9 月	12.00
84.苏兆征	禤倩红、卢权	2007 年 10 月	12.00
85.潮汕侨批	王炜中	2007 年 10 月	12.00
86.利玛窦	萧健玲	2007 年 10 月	12.00
87.肇庆鼎湖山	余秀明	2007 年 11 月	12.00
88.历史文化名城梅州	胡希张	2007 年 11 月	12.00
89.乐昌花鼓戏	罗其森	2007 年 11 月	12.00
90.司徒美堂	张健人、黄继烨	2007 年 12 月	10.00
91.乐昌风物与古文化遗存	沈扬	2008 年 1 月	12.00
92.李文田	梁基永	2008 年 1 月	12.00
93.名镇乐从	李梅、蔡遥炘	2008 年 3 月	12.00
94.英德溶洞文化	赖展将	2008 年 4 月	12.00
95.陈昌齐	吴茂信	2008 年 4 月	12.00
96.丘逢甲（南粤先贤）	葛人	2008 年 4 月	12.00
97.张九龄（南粤先贤）	王镝非	2008 年 4 月	12.00
98.陈垣	张荣芳	2008 年 4 月	12.00
99.历史文化名城肇庆	丘均、赖志华	2008 年 7 月	12.00
100.粤曲	黎田、谢伟国	2008 年 7 月	12.00
101.广州牙雕史话	曾应枫	2008 年 8 月	12.00
102.越秀山	曾新	2008 年 8 月	15.00
103.六榕寺	李仲伟、林剑纶	2008 年 9 月	15.00
104.丁日昌（南粤先贤）	黄赞发、陈琳藩	2008 年 9 月	15.00

（续表）

书　名	作　者	出版时间	定　价
105.陈恭尹（南粤先贤）	端木桥	2008 年 10 月	15.00
106.屈大均（南粤先贤）	董上德	2008 年 10 月	15.00
107.阮元（南粤先贤）	陈泽泓	2008 年 10 月	15.00
108.余靖（南粤先贤）	黄志辉	2008 年 11 月	15.00
109.关天培（南粤先贤）	黄利平	2008 年 11 月	15.00
110.名镇太平	邓锦容	2008 年 11 月	15.00
111.黄遵宪（南粤先贤）	郑海麟	2008 年 12 月	15.00
112.郑观应（南粤先贤）	刘圣宜	2009 年 1 月	15.00
113.北江女神曹主娘娘	林超富	2009 年 1 月	15.00
114.南音	陈勇新	2009 年 1 月	15.00
115.葛洪（南粤先贤）	钟　东、钟易翚	2009 年 7 月	15.00
116.翁万达（南粤先贤）	陈泽泓	2009 年 7 月	15.00
117.佛山精武体育会	张雪莲	2009 年 7 月	15.00
118.客家民间艺术	林爱芳	2009 年 8 月	15.00
119.詹天佑（南粤先贤）	胡文中	2009 年 8 月	15.00
120.广东"客商"	闫恩虎	2009 年 9 月	15.00
121.广府木雕	邹伟初	2009 年 9 月	15.00
122.潮州音乐	蔡树航	2009 年 10 月	15.00
123.端砚	沈仁康	2009 年 10 月	15.00
124.冯如（南粤先贤）	黄庆昌	2009 年 11 月	15.00
125.广东出土明本戏文	陈历明	2009 年 11 月	15.00
126.五邑银信	刘　进	2009 年 11 月	15.00
127.名镇容桂（顺德名镇）	张欣明	2009 年 11 月	15.00
128.名镇均安（顺德名镇）	张凤娟	2009 年 11 月	15.00
129.名镇勒流（顺德名镇）	梁景裕	2009 年 11 月	15.00
130.名镇龙江（顺德名镇）	张永锡	2009 年 11 月	15.00
131.名镇伦教（顺德名镇）	田丽玮	2009 年 11 月	15.00
132.名镇大良（顺德名镇）	李健明	2009 年 11 月	15.00
133.名镇陈村（顺德名镇）	李健明	2009 年 11 月	15.00

(续表)

书　名	作　者	出版时间	定　价
134.名镇杏坛（顺德名镇）	岑丽华	2009 年 11 月	15.00
135.名镇北滘（顺德名镇）	梁绮惠、王基国	2009 年 11 月	15.00
136.岭南民间游艺竞技（岭南古俗）	叶春生、凌远清	2009 年 11 月	15.00
137.岭南民间墟市节庆（岭南古俗）	叶春生、黄晓茵	2009 年 11 月	15.00
138.岭南古代诞会习俗（岭南古俗）	叶春生、凌远清	2009 年 11 月	15.00
139.岭南衣食礼仪古俗（岭南古俗）	叶春生、陈玉芳	2009 年 11 月	15.00
140.岭南书画名家（蕴庐文萃）	陈荆鸿	2009 年 12 月	15.00
141.岭南名人谭丛（蕴庐文萃）	陈荆鸿	2009 年 12 月	15.00
142.岭南艺林散叶（蕴庐文萃）	陈荆鸿	2009 年 12 月	15.00
143.岭南诗坛逸事（蕴庐文萃）	陈荆鸿	2009 年 12 月	15.00
144.岭南名胜记略（蕴庐文萃）	陈荆鸿	2009 年 12 月	15.00
145.岭南名刹祠宇（蕴庐文萃）	陈荆鸿	2009 年 12 月	15.00
146.岭南名人遗迹（蕴庐文萃）	陈荆鸿	2009 年 12 月	15.00
147.岭南谪宦寓贤（蕴庐文萃）	陈荆鸿	2009 年 12 月	15.00
148.岭南风物与风俗传说（蕴庐文萃）	陈荆鸿	2009 年 12 月	15.00
149.海桑随笔（蕴庐文萃）	陈荆鸿	2009 年 12 月	15.00
150.工运先驱林伟民	卢权	2009 年 12 月	15.00
151.张太雷	林鸿暖	2009 年 12 月	15.00
152.苏轼（南粤先贤）	陈泽泓	2009 年 12 月	15.00
153.广州越秀古街巷（第二集）	广州市越秀区文联	2010 年 2 月	15.00
154.岭南名街北京路	陈　明	2010 年 3 月	15.00
155.河源恐龙记	黄　东	2010 年 3 月	15.00
156.漓江	庞铁坚	2010 年 4 月	15.00
157.历史文化名城桂林	黄伟林	2010 年 5 月	15.00
158.洪秀全（南粤先贤）	钟卓安、欧阳桂烛	2010 年 6 月	15.00
159.海瑞（南粤先贤）	陈宪猷	2010 年 6 月	15.00
160.广州轶闻	杨万翔	2010 年 6 月	15.00
161.崔与之（南粤先贤）	龚伯洪	2010 年 6 月	15.00
162.张之洞（南粤先贤）	谢　放	2010 年 6 月	15.00

（续表）

书　名	作　者	出版时间	定　价
163.清初曲江奇士廖燕	姚良宗	2010 年 8 月	15.00
164.苏六朋（南粤先贤）	朱万章	2010 年 8 月	15.00
165.雷剧	陈志坚	2010 年 8 月	15.00
166.灵渠	刘建新	2010 年 8 月	15.00
167.赵佗（南粤先贤）	吴凌云	2010 年 10 月	15.00
168.陈澧（南粤先贤）	李绪伯	2010 年 10 月	15.00
169.忠信花灯	吴娟容	2010 年 10 月	15.00
170.珠江三角洲广府民俗	余婉韶	2010 年 10 月	15.00
171.湛若水（南粤先贤）	黄明同	2010 年 10 月	15.00
172.林则徐（南粤先贤）	胡雪莲	2010 年 10 月	15.00
173.广州文化公园	曾　尔	2010 年 10 月	15.00
174.阮啸仙	陈其明	2010 年 10 月	15.00
175.周敦颐（南粤先贤）	范立舟	2010 年 11 月	15.00
176.抗倭英雄陈璘	黄学佳	2010 年 11 月	15.00
177.广州越秀古街巷（第三集）	广州市越秀区文联	2010 年 11 月	15.00
178.粤桂铜鼓	蒋廷瑜	2010 年 11 月	15.00
179.居巢　居廉（南粤先贤）	朱万章	2010 年 11 月	15.00
180.岭南大儒陈宏谋	黄海英	2010 年 12 月	15.00
181.黄佐（南粤先贤）	林子雄	2010 年 12 月	15.00
182.名镇赤坎	张健人、黄继烨	2010 年 12 月	15.00
183.陈子壮（南粤先贤）	胡巧利	2011 年 2 月	15.00
184.刘永福（南粤先贤））	江铁军	2011 年 2 月	15.00
185.包拯（南粤先贤）	李　玮	2011 年 7 月	15.00
186.张弼士（南粤先贤）	徐松荣	2011 年 7 月	15.00
187.邓世昌（南粤先贤）	林　干	2011 年 7 月	15.00
188.潮州八景	张　伟	2011 年 10 月	15.00
189.话说长洲	龙莆尧	2011 年 10 月	15.00

(续表)

书 名	作 者	出版时间	定 价
190.广州越秀古街巷（第四集）	广州市越秀区文联	2011 年 12 月	15.00
191.冯子材（南粤先贤）	吴建华	2011 年 12 月	15.00
192.张维屏（南粤先贤）	黄国声	2012 年 2 月	15.00
193.杨孚（南粤先贤）	陈碧涵	2012 年 3 月	15.00
194.佛山祖庙	关 宏	2012 年 3 月	15.00
195.林风眠	林爱芳	2012 年 5 月	15.00
196.朱执信（南粤先贤）	张 苹	2012 年 7 月	15.00
197.羊城旧语	黄小娅	2012 年 10 月	15.00
198.丘濬（南粤先贤）	吴建华　傅里淮	2012 年 10 月	15.00
199.广州越秀古街巷（第五集）	广州市越秀区文联	2012 年 11 月	15.00
200.陈启沅（南粤先贤）	吴建新	2012 年 11 月	15.00
201.驻粤八旗	汪宗猷　李筱文	2013 年 1 月	15.00
202.文天祥（南粤先贤）	袁钟仁	2013 年 1 月	15.00
203.洪仁玕（南粤先贤）	张 苹	2013 年 4 月	18.00
204.陈文玉（南粤先贤）	陈志坚	2013 年 4 月	18.00
205.容闳（南粤先贤）	陈汉才	2013 年 8 月	20.00
206.宋代沉船"南海 I 号"	曾宪勇	2013 年 9 月	20.00
207.客家山歌剧	罗锐曾	2013 年 10 月	18.00
208.岭南文化概说	陈泽泓	2013 年 10 月	20.00
209.丹霞山	侯荣丰	2013 年 11 月	20.00
210.岭南篆刻	黎向群	2013 年 11 月	20.00
211.广东汉乐	李 英	2014 年 8 月	20.00
212.苏曼殊	董上德	2014 年 12 月	20.00
213.广州海珠史话	罗国雄	2015 年 6 月	20.00
214.黄君璧	鲁大铮	2015 年 9 月	20.00
215.羊城谈旧录	黄国声	2015 年 12 月	20.00

(续表)

书　名	作　者	出版时间	定　价
216.蒲风	严立平	2015 年 12 月	20.00
217.广州海上丝绸之路	袁钟仁	2016 年 2 月	20.00
218.江璚	张荣芳	2016 年 8 月	20.00
219.邹伯奇	王　维	2016 年 8 月	20.00
220.梁培基	李以庄	2016 年 12 月	20.00
221.岭南饮食随谈	周松芳	2017 年 12 月	20.00
222.广州历史地理拾零	卓稚雄	2018 年 1 月	20.00
223.吴子复	翁泽文	2018 年 9 月	20.00
224.海派粤菜与海外粤菜	周松芳	2020 年 4 月	20.00
225.赵少昂	王　坚	2020 年 6 月	20.00
226.岭南品艺录	吴　瑾	2021 年 3 月	25.00
227.粤菜	王　亮	2021 年 12 月	25.00
228.广东画坛旧事	吴　瑾	2022 年 9 月	25.00
229.广东世居少数民族	练铭志	2023 年 11 月	25.00

注：以上已出书目，书名、定价及出版时间以出版实物为准。